I0139681

Mensajes de amor de las Almas

Isela Olvera Ocaña

ola
PUBLISHING
INTERNACIONAL

Copyright © 2023 Isela Olvera Ocaña, Todos los derechos reservados.

Ninguna parte de esta publicación podrá ser reproducida, almacenada en un sistema de recuperación o transmitido de ninguna manera ni por cualquier medio, ya sea electrónico, mecánico, mediante fotocopias o grabaciones, sin permiso previo de Hola Publishing Internacional.

Los puntos de vista y opiniones expresados en este libro pertenecen al autor y no reflejan necesariamente las políticas o la posición de Hola Publishing Internacional. Cualquier contenido proporcionado por nuestros autores es de su opinión y no tiene la intención de difamar a ninguna religión, grupo étnico, club, organización, empresa, individuo o persona.

Para solicitudes de permisos se debe escribir a la editorial, dirigido a "Atención: coordinador de permisos", a la siguiente dirección.

ola
PUBLISHING
INTERNACIONAL

Hola Publishing Internacional
Eugenio Sue 79, int. 4, 11550
Ciudad de México

Primera edición, Junio 2023
ISBN: 978-1-63765-439-2

La información contenida en este libro es estrictamente para propósitos informativos. A menos que se indique otra situación, todos los nombres, personajes, negocios, lugares, eventos e incidentes en este libro son producto de la imaginación del autor o usados de manera ficticia. Cualquier parecido con personas reales, vivas o muertas, o eventos actuales, es pura coincidencia.

Hola Publishing Internacional es una empresa de autopublicación que publica ficción y no ficción para adultos, literatura infantil, autoayuda, espiritual y libros religiosos. Continuamente nos esmeramos para ayudar a que los autores alcancen sus metas de publicación y proveer muchos servicios distintos que los ayuden a lograrlo. No publicamos libros que sean considerados política, religiosa o socialmente irrespetuosos, o libros que sean sexualmente provocativos, incluyendo erótica. Hola se reserva el derecho de rechazar la publicación de cualquier manuscrito si se considera que no se alinea con nuestros principios. ¿Tiene una idea para un libro que quisiera que consideremos para publicación? Por favor visite www.holapublishing.com para más información.

Un instante de quietud
y consuelo para tu alma.

Isela Olvera

iselaoo@hotmail.com

Índice

Introducción

¿Alguna vez te has preguntado qué hay más allá de la vida, qué pasa con nuestra alma cuando dejamos nuestro cuerpo? Estas preguntas me han llevado a descubrir y recordar quién soy y por qué estoy aquí. Cuando le hacemos esta pregunta al universo, a Dios, y dejamos que sus señales nos indiquen el camino, encontramos las respuestas a todas nuestras preguntas. Cuando el alumno está dispuesto y quiere aprender, los maestros llegan a él para trasmitirle todo lo que es necesario para su mejor desarrollo, no importa la edad ni el tiempo. Mientras el alumno acepte y esté abierto a recibir todo lo que ya existe en él, pero que ha olvidado, pues todo nace dentro de él, y en lo más profundo de su ser se encuentran las más bellas emociones y sensaciones. No es casualidad que este libro esté en tus manos; tú lo has pedido, estás en busca de respuestas. Te sorprenderás de la forma en que Dios acomoda todo para que te lleguen los mensajes, este libro cambiará la forma en que ves la vida, ya que en cada carta aguardan hermosos mensajes que tu alma necesita para seguir despertando; créelo, y tu vida cambiará por completo. Los mensajes de las almas no son solo para sus seres queridos, son para todo aquel que crea y quiera despertar más su conciencia y entender que todo pasa para alcanzar algo mejor.

Primeros mensajes de mis guías

Siempre estas conectada, te gusta platicar con nosotros, eres tranquila, trasmites mucha paz y ahí es donde debes poner tu atención, en lo que te dé más paz a ti misma. Te hace feliz ayudar a los demás, tu primer instinto es ayudar ante una emoción que sientes que afecta la otra persona, ahí es cuando entras tú para ayudar, ayudar a que conecten con su conciencia y se produzca la sanación. Así limpiarán poco a poco sus emociones, traen muchas de vidas pasadas y de esta vida presente. Tú eres un canal para liberar esas emociones. No tengas miedo, estás en el lugar correcto, todo ha sido un proceso de aprendizaje, todos los libros que han llegado a ti durante más de 10 años, tus sueños, tus visiones, las experiencias que has vivido, los mensajes que te dieron desde que tenías 16 años, todo lo que te ha pasado, ha sido una preparación para poder estar lista y trasmitir a los demás las palabras que llegan a tu mente de una forma clara. No estás inventando, confía. El mensaje que tienes que trasmitir llegará a ti en pensamientos y sensaciones; exprésalo y no te quedes con nada, todo es para seguir evolucionando. Cuando te sientas cansada, toma agua, necesitas hidratarte más; el agua es esencial en la vida, el agua es vida, limpia y sana las heridas que la mente crea en el cuerpo. Cuando sientas pesadez, haz meditación y ánclate a la tierra. Confía en ti, eres fuerte, valiente y avanzas con pasos firmes; que nada te detenga, estamos contigo siempre.

Recuerda y diles que nunca estamos solos. Todos somos seres increíbles, maravillosos, llenos de luz y de amor y, por muy mal que se sientan, están abriendo las puertas a la luz y a las bendiciones, agradezcan cada día, sientan el amor de Dios el Creador en sus vidas, su amor es infinito, pero deben tener más fe, deben creer en lo que aún no han visto. No sufran por familiares que ya han partido, ese era su momento, todos tienen un ciclo que cumplir y todos, absolutamente todos, están bien y siguen en su evolución personal individual de su ser, de su alma. Cada uno tiene su camino. A algunos los encontraran de nuevo, a otros ya no, porque han cumplido con su propósito. Suelten heridas, no carguen con rencores, porque solo se hacen daño ustedes mismos. Cuando llegue el momento, tendrán que analizar esta vida que están viviendo, pero no habrá juicios, ni reclamos; su misma alma sabrá en dónde ha fallado y por qué se desvió del camino. Si acaso olvidó su misión, vendrán otras vidas y seguirán a paso lento o rápido, como lo decida cada uno. Los tiempos de cada uno son perfectos, no hay que forzar nada, no hay que juzgar nada tampoco; preocúpense por ser felices cada día, vivan cada momento, sientan con todos sus sentidos y ábranse al amor, pues es la llave de la felicidad.

12

Estos fueron los primeros mensajes que empecé a escribir, mensajes que llegaban a mi mente y no me explicaba el porqué, pero, al ir pasando los días, se fueron haciendo más extensos.

Te gusta cantar. Cantabas desde niña en los rosarios, en las misas, esa era tu parte favorita; cantabas cuando caminabas de regreso de la escuela, esa era la forma de conectar con nosotros y ahí estábamos contigo, entonando las melodías. Ya has soltado y trabajado muchas heridas y tu cuerpo te lo agradece, ahí estuvimos contigo cuando estabas a punto de entrar a una cirugía de columna y decidiste no operarte, en el fondo de tu corazón sabías que no era la mejor opción, pues tenías que descubrir poco a poco todas las emociones que traías atrapadas en tu cuerpo desde hace muchos años. Ese fue el inicio para que fueras despertando poco a poco, ahora estás convencida del poder de la fe y la confianza para desbloquear todos esos pensamientos que esclavizan a cada cuerpo, pero es hasta que las personas son más conscientes y realmente quieren sanar, que su fe les ayudará. Tú eres un ejemplo, comparte tu experiencia, diles que nunca deben olvidar sus raíces, sus antepasados, que ellos sembraron la semilla, pero deben ser liberadas las emociones atrapadas. Todo se refleja en sus cuerpos, todo está guardado en el subconsciente. Para avanzar, primero tienen que observar qué traen cargando, qué es eso que no les deja seguir adelante, pues la finalidad de toda alma es ser feliz, estar en paz, sentir esa sensación que existe en el aquí en el ahora, disfrutando tal cual se es; es sentir esa alegría, ese amor

13

que ilumina todo tu ser, conectar con Dios y entender que eres parte de él, que él está en ti y, por eso, eres parte de un todo. Cuando las almas experimentan esto, son libres. No se pierdan en los pequeños detalles, disfruten todo el panorama, abran su mente, vivan el presente, que es lo único que importa, no abran ciclos que ya se han cerrado, continúen avanzando.

Mantengan la tranquilidad a pesar de todas las adversidades, no permitan que la energía negativa los invada, son energía y esta debe estar siempre en la mejor vibración. Por muy malas noticias que reciban, recuerden que hay un poder divino y que todo pasa por una justa razón; nada es casualidad, todo es equilibrio. Para que entre luz en un lugar, debe haber limpiezas y movimiento; para que fluya la energía, no hay que permanecer estancados. Muévanse, actívense. Siempre estamos con ustedes, les damos mensajes todo el tiempo, solo que andan muy distraídos con tantas ocupaciones de su mente, que se deja dominar por su ego. Deben aprender a observarla y callarla, solo así se conocerán más. No sean como todos, sumergidos en su día a día, acelerados, preocupados, estresados, viviendo como máquinas en automático; no disfrutan el silencio, la calma, la paz que hay en cada instante de quietud. De qué sirve ir tan deprisa, viviendo con ansiedad, preocupados por un futuro incierto, si todo ya está en un plan que ustedes mismos eligieron. Cuando ya saben lo que quieren, no necesitan correr. No se requieren grandes riquezas para ser feliz, lo importante es disfrutar de cada pequeño instante, momentos que alimentan el alma. No necesitan ser

14

reconocidos, ser famosos o pasar a la historia para dejar huella en el mundo; la mejor huella es la que van dejando en cada alma que tocan con el corazón.

El inicio de increíbles experiencias con las almas

Y así empezaron estas increíbles experiencias con las almas, un día me dijeron estas voces "tenías razón, Ise" y, enseguida, vino a mi mente mi amiga que murió hace 3 años, poco antes de que iniciara la pandemia. Fue muy lamentable su partida, estaba muy joven y llena de vida. Era una gran amiga con la que conviví casi 20 años. Lo curioso es que varios años antes de que muriera, durante una plática, yo le comenté que nunca moríamos, pero ella no creía nada de eso. Ese día, ella me dijo "Qué te parece si quien muera primero viene y le cuenta a la otra qué hay del otro lado", yo me reí y le contesté "No, mejor no, no hay que bromear con eso", pero, ahora, después de su partida, me ha quedado claro que ella sí cumplió lo que me dijo aquel día, y la prueba de ello es que aquí está la primera carta que llegó a mi mente, tal cual, con las mismas palabras. Ese día yo solo escribí y escribí sin parar, sintiendo como si ella estuviera a mi lado, platicando.

Primera carta recibida de amiga Consuelo

Tenías razón, Ise, nunca morimos, vamos de vida en vida. Yo estoy, por el momento, aquí, en este maravilloso lugar, tomado un espacio entre las vidas, estoy analizando lo que debí hacer para aprender a ser más fuerte, no vivir tanto de las apariencias y no vivir para los demás, porque me olvidé de mí misma y terminé muy enferma, muy débil, sin fuerzas para seguir adelante. Toda mi vida viví preocupada por los demás; dando gusto, atendiendo, resolviendo los problemas ajenos, y nunca quise aceptar ayuda de nadie, ni de ti. Ahora entiendo que fue un error, que la vida te pone a las personas para ser más fuerte. Para aprender a quererte y a valorarte, debes poner límites y nunca aceptar migajas de tiempo. Todos merecemos ser felices. Empieza por ti, ámate, consiéntete, procúrate y acepta que, a veces, no puedes cargar con problemas ajenos. Cuando llega el día, nadie muere por ti. Mira cómo acabó mi vida, todos siguen haciendo sus vidas y yo solo quedé en un recuerdo; a algunos nunca les haré falta, pero a mi hijo sí, porque estábamos acostumbrados a hacer muchas cosas juntos. Él era mi razón de vivir, él me dio fuerzas para seguir adelante y me dolió mucho dejarlo, pero ya era mi momento, tenía que partir, era el momento de que su padre se hiciera cargo, que se resiste a avanzar, está estancado y la única forma fue esa. Ahora tendrá que aprender la lección: cuando uno deja la vida es para que los que se quedan, vivan las experiencias que ellos también eligieron. Todo es un plan perfecto, no hay errores, todos debemos seguir avanzando. Ese es el propósito de cada alma. Dios nunca se equivoca. Estoy tranquila porque le di buenos cimientos a mi hijo y será una gran persona, tendrá éxito en lo que se proponga y tendrá una vida feliz con la familia que formará; encontrará a la mujer indicada. No estés triste, Ise, cuando me recuerdes, ríe, ríe como lo hacíamos con tantas pláticas y tantas ocurrencias de tu esposo. Reí bastante con ustedes. Fueron experiencias muy bonitas que siempre estarán en mi alma, podíamos estar horas y horas platicando y eso era felicidad. Trasmites paz y tranquilidad y tienes un corazón muy noble, pero no dejes que abusen de ti, defiéndete y di lo que no te agrade. Eres una gran persona; te quiero mucho, amiga, cuídate y ve a donde tu corazón sea feliz. El amor es lo más importante, nunca dudes de tu fe, ella te llevará a increíbles experiencias que tienes por vivir; confía, vendrán momentos espectaculares. Así como tus viajes por el mundo, aún tienes muchos lugares que conocer, vive; vive al máximo y abre tu corazón, sé feliz siempre.

Dile a mi esposo y a mi hijo que los amo mucho, que no se preocupen por mí, que sigan sus vidas, que no guarden tristezas. Deben aprender a quererse mucho y a ser felices.

Yo estoy bien, y lo que más deseo es que suelten sus enojos y tengan una buena relación. El amor de Dios lo puede todo, solo necesitan tener fe. Nunca están solos, siempre que me recuerden ahí estaré con ellos, disfrutaré sus éxitos, los esperan grandes momentos por vivir.

Después de que terminé de escribir esta carta, no lo podía creer. Eran las palabras de mi amiga, era tan claro su mensaje, que sé que era ella, también, aún recuerdo que, cuando murió, al día siguiente la tristeza me invadía, pero, de pronto, llegó a mi mente la canción "La barca de oro", la cual dice: "yo ya me voy al pueblo donde se halla la barca de oro, que debe conducirme, yo ya me voy, solo vengo a despedirme, adiós, mujer, adiós para siempre, adiós, no volverán tus ojos a mirarme, ni tus oídos escucharán mi canto, yo ya me voy…". Fue muy triste, pero esta canción me llenó de paz y tranquilidad y comprendí que ella estaba bien, en donde quiera que se encontrara, y así me lo confirmó con sus palabras. Nunca morimos, y prueba de ello son todas estas cartas. Yo no pude haberlas inventado, yo solo he seguido escribiendo las palabras que llegan y llegan a mi mente, muchas cartas más de familiares, de amistades; estoy haciendo lo que me dicen mis guías, "comparte los mensajes". Cuando empecé a enviarles las cartas a familiares y amigos, me decían "yo quiero que me llegue una carta", y mi respuesta siempre ha sido "pídanla con fe y les llegará".

La intención de publicar estos mensajes

La intención de publicar estos mensajes y estas cartas es trasmitir paz a más personas. Quizás algunas están pasando por una situación difícil; tal vez han perdido a un ser querido y no logran salir de su duelo. A veces no comprendemos para qué nos pasa esa situación, ese dolor tan grande, pero no estamos solos y nada es casualidad; por alguna razón estás leyendo estas líneas, quizás pediste un mensaje y aquí está. En alguna de estas cartas encontrarás las respuestas a tus preguntas. Una prima me dijo, al escuchar la carta de Consuelo, "Es como si mi esposo, que también ya murió, me estuviera diciendo esas mismas palabras". Estaba feliz y agradecida, por eso te digo a ti, que estás leyendo: ten fe, sigue a tu intuición y a tu corazón. Estás en el lugar correcto para seguir avanzando en tu vida y entender muchas cosas por las que has pasado, todo el recorrido es perfecto y seguirán llegándote más señales, porque así lo has pedido.

A continuación, comparto las cartas que con el paso del tiempo han llegado a mi mente de nuestros seres queridos, de las Almas que desean comunicarse con nosotros y decirnos cómo están. Las escribí tal cual. Son mensajes llenos de amor que gracias a Dios tengo el privilegio extraordinario de poder trasmitir. Habrá quien no crea esto, pero existe la mediumnidad y la escritura automática; podemos escuchar los pensamientos, las voces y sentir la presencia de seres que ya no están en este plano, en la tierra. Al igual que yo, muchas personas han escrito infinidad de libros por medio de la canalización, y la fe es la llave para conectar con lo que está más allá de nuestro alrededor y que no percibimos.

Cartas de las almas para sus seres queridos

Carta para Elisa de su abuela, que la crio como si fuera su hija

Hola, hija.

Pediste ayer un mensaje y aquí estoy. Quiero que sepas que no estás sola y que nunca lo has estado. Sientes que no encuentras la salida, que estás perdida, atrapada en tus emociones y en tus heridas, no quieres ver más allá de tu dolor, te aferras a poner nombres a tus miedos e inseguridades, pero tú eres responsable de todo lo que has atraído a tu vida. Deja de buscar culpables, confía en el poder infinito de Dios para que sane tu cuerpo y tu mente. En parte, yo me siento responsable por sobreprotegerte tanto; tenía yo mis propios miedos y te los trasmití, viví muy encerrada, preocupada por dar gusto a los demás, preocupada por ti, de que estuvieras bien, pero fue contraproducente, porque no dejé que exploraras el mundo, que salieras más desde pequeña. Mis creencias me hicieron pensar que era lo correcto. Ahora sé que estuve equivocada, pero no es tarde aún, tienes una gran vida que te espera afuera; sal, rompe las cadenas que te atan a tus miedos y vuela, vuela

27

muy alto. Sal, conoce el mundo, descubre las maravillas que te están esperando afuera, confía en ti misma, deja a un lado las preocupaciones y los resentimientos, perdona y perdónate, no hay culpables, tenías que vivir todo esto para poder despertar.

Deja de decir que estás cansada, actívate desde muy temprano. Aunque no puedas dormir y te sientas cansada, sal, que los rayos del sol te den energía, que los cantos de las aves te saluden, siente el viento en tu rostro, ama la vida, ámate a ti misma como nunca lo has hecho y te aseguro que vendrán tiempos mejores. Eres una persona muy fuerte, capaz de salir adelante. Deja ya de buscar en muchos lados lo que tienes dentro de ti, camina segura, con la frente en alto; escucha a tu corazón, que está triste, lo has olvidado, te has sumergido en tu sufrimiento y solo te causa más angustia y preocupación. Da un salto de fe, ve a la casa de Dios y abre tu corazón. Ayuda con tu tiempo a quien Dios ponga en tu camino, platica con ellos, cuenta las maravillas que Dios te ha dado y tu experiencia inspirará a otras personas; di cómo Dios, que tiene un plan perfecto para cada uno, ha hecho el milagro en ti y ahora eres otra persona diferente, llena de luz y esperanza, llena de amor propio, feliz de vivir una vida plena y rodeada de mucho amor. Confía en que encontraras el amor de un buen hombre, quítate las creencias de que son malos y abusivos, confía en que hay hombres buenos que también andan buscando ser felices. No te aferres al pasado, eso ya se fue. No más recordar lo que pudo ser, pues, cuando se cierra una puerta, Dios te abre muchas más, pero solo depende de ti, de lo que creas, de lo que sueñes e imagines. Crea un mundo que te guste ver.

Yo estoy bien, llegué muy cansada por la vida tan pesada que yo misma me formé, pero ahora estoy bien y, desde aquí, te envío miles de bendiciones para que sigas avanzando. Como ayer te lo dijeron tus Ángeles, aún no es tiempo, aún nos es tiempo de que vengas con nosotros. Tienes muchas cosas increíbles por vivir, tienes que ir a Paris y a muchos lugares que siempre has querido conocer. No tengas miedo, siempre estaremos contigo, en cada pensamiento, ahí estamos, abrazándote, tu abuelo y yo. Has liberado muchas emociones y, aunque no lo creas, tú lo decidiste así, pero ya es tiempo de soltar y dejar ir toda la energía negativa que has absorbido por preocuparte tanto por los demás. Suelta, vive y sé feliz siempre. Tu mamá estará bien también, solo deben saber recibir todas las bendiciones que Dios tiene para ustedes. Dejen de vivir para los demás, quiéranse, ámense primero ustedes y todo llegará por derecho divino. No hay que luchar, no hay que vivir enojado, solo hay que abrirse al amor y ser feliz.

Carta de Emanuel
para sus 11 hijos

Queridos hijos,

Todo esto fue tan inesperado que no pude despedirme.
Fue difícil dejarlos, porque eran y son lo más importante
para mí, más sin embargo, así era como tenía que pasar,
debían seguir su camino solo con su mamá. No la juzguen,
ella ha hecho lo mejor que ha podido, se esforzó demasiado en salir adelante con todos ustedes, agradézcanle
todo su esfuerzo y trabajo. Tiene su carácter, pero es una
maravillosa mujer que también sufrió la ausencia de su
padre. No fue tampoco fácil para ella vivir sin conocerlo,
le faltó mucho amor desde niña y eso hizo que se volviera
un poco fría y nada afectiva, pero tiene un gran corazón
y siempre ha estado ahí para ustedes. Muchas veces, ustedes, ya de grandes, se olvidaron de ella y ella se refugió
en la casa de Dios, en sus días más tristes, Dios estuvo
con ella, guiándola. Ahora es tiempo de que le dediquen
tiempo de calidad, ella requiere cuidados y atenciones. Ya
está muy cansada, les dice que se siente fuerte, pero, en
realidad, tantas pastillas la tienen un poco adormilada y

no recuerda muchas cosas. Ámenla y disfruten estos años con ella, pues el tiempo es incierto y solo les queda por disfrutar el presente, el momento en el aquí y el ahora. Yo estoy bien, siempre he estado con ustedes en cada pensamiento cuando me recuerdan, y desde aquí les mando muchas bendiciones para que siempre estén bien. Estoy muy orgulloso de todo lo que han logrado, han formado unos buenos hijos, son familias tranquilas, aunque, como todas, tienen sus problemas, pero han sabido sobrellevarlas. Sigan así, inculquen a sus hijos seguir por el camino del bien, eso es lo más importante. Sean felices y disfruten de la vida, pues es el mejor regalo de Dios para ustedes, ámense y amen a los demás.

Carta del abuelo Fernando
para sus nietos

No tuve la dicha de conocerlos, pues tuve que partir muy pronto. Fueron muy pocos los años que conviví con su abuela Felisa, que era una gran mujer, fuerte y decidida; de ahí lo heredó Lidia, esa hija mía que no pude abrazar ni acariciar, pero, Dios, en su plan perfecto, me dio la dicha de ser su padre y el abuelo de todos ustedes, una enorme familia de 11 hermanos. No recuerdan mucho mi nombre, me sentí un poco olvidado por muchos años, pero todos somos parte de un clan, un clan que trae cargando muchas emociones. Afortunadamente, ya se han desbloqueado muchas de ellas, heridas de rechazo y humillación que tuve de niño por ser hijo del tío; no fue fácil para mí sentir el rechazo del padre que me crio, y eso generó una profunda ira con la cual viví muchos años. Me faltó trabajar más mi amor propio y no dar importancia a lo que la gente decía, no fue fácil vivir con esto, pero así tenía que suceder. Ahora, todos ustedes deben aprender a ser más felices, a estar más unidos, como hermanos, y disfruten los momentos. Sé que les encanta estar festejando el cumpleaños de Lidia, ella es feliz, disfruta tanto convivir con mucha gente, es tan sociable, que se llena de alegría cuando llegan las fiestas. Disfruten mucho su compañía y sigan así, felices; ya se han liberado de muchas cargas de sus ancestros y son libres para seguir avanzando, confíen, siempre hablen con la verdad, por muy dolorosa que sea, pues es la base de la confianza y del mejor porvenir.

Carta para Marcela
de su madre

Querida hija Marcela,

Sé que es difícil para ti por la situación que estás pasando con tu hermano, pero debes entender que no es tu responsabilidad, ya lo has ayudado bastante, él tiene que hacerse responsable de las decisiones que ha tomado en su vida. Suelta esas preocupaciones, tú no puedes cambiar a los demás, recuerda cómo fue mi vida y no hagas lo mismo que yo, que me dediqué a vivir para los demás. Viví preocupada, angustiada toda mi vida y todos hicieron sus vidas; no disfruté muchas cosas por atenderlos y de nada sirvió tanto sacrificio y esfuerzo, pues, al final de mi vida, tuve que partir. Hubiera querido estar más tiempo con ustedes, pero todo tiene un momento, un plan perfecto de Dios. Para que ustedes siguieran solo con su padre, él aún tiene muchas cosas que trabajar, se resiste a cambiar, pero era la única forma de que siguiera avanzando. No te preocupes por mí, yo estoy muy bien y, desde aquí, les envío muchas bendiciones siempre, para que Dios los lleve por el camino del bien, del amor y de la verdad. No estés triste, recuérdame siempre con una sonrisa en mi rostro. Fui feliz con ustedes, son mi orgullo, diles a tus hermanos que abran su corazón y dejen que Dios los guíe por el mejor camino, que olviden rencores, resentimientos, que solo enferman su alma y su ser; la mejor medicina es la paz que uno, a través de las experiencias, logra tener en su mente y en su corazón. Sean felices, disfruten cada momento al máximo, y siempre que me recuerden, ahí estaré con ustedes en sus pensamientos y en su corazón.

Carta para Lidia de su padre
(él murió antes de que ella naciera)

Querida Lidia,

Veo que has estado muy bien, has hecho una gran vida, llena de viajes, convivios, fiestas y muchas alegrías. Aunque no lo creas, siempre he estado contigo, desde pequeña; vi cuando diste tus primeros pasos, conviviste mucho con tus primos y tíos, fuiste una niña muy querida y consentida. A pesar de que no estuve a tu lado, tuviste una imagen paterna en tu tío Agustín, él te quiso mucho, se sintieron tristes cuando tuvieron que regresar al pueblo de Santa María. Tú también los extrañaste mucho a todos ellos, pero fue una buena decisión que tomó Felisa, tu madre. Siempre estuve orgulloso de ella, los sacó adelante, trabajó y luchó por ustedes. Eras muy lista desde pequeña, muy sociable; me gustaba verte en tus sainetes muy segura en tu papel, te sentías importante, te gustaba que te aplaudieran mucho; realmente gozabas esos momentos. En tus días de angustia, cuando enfermaste a tus 15 años, ahí estaba contigo a tu lado, lograste salir de esa enfermedad. Sentiste mucha tristeza por la partida de tu hermano Norberto, pero era su momento en el que tenía que partir y venir conmigo. Desde aquí seguimos estando con ustedes, para que sigan sus vidas y se recuperen de su partida, Sofía, tu hermana, siempre estuvo preocupada por ti, quería estar más a tu lado, pero ella tenía muy clara su misión en la vida: ser religiosa, ayudar a otras personas a encontrarse, amarse y abrirse al amor de Dios. De todos modos, nunca dejó de pensar en ti, siempre rezó, pidió por todos ustedes, por toda tu familia y más aún cuando murió Emanuel, tu esposo. Fue un golpe muy duro para todos, pero Dios te dio fuerzas y salieron adelante. Esa fue tu gran misión, salir adelante con 11 hijos, hijos buenos, con buenos cimientos y un gran corazón. Todos te adoran, disfrutan mucho estar contigo, cada uno siguió su camino, pero me siento feliz de ver cómo se reúnen y festejan, esos momentos son los que alimentas el alma, se siente una energía muy bonita. No estés preocupada por tu hijo Jorge Luis, todas tus oraciones han sido escuchadas y él estará bien, es un proceso que tenía que vivir para que pudiera despertar y abrir su corazón. Todo es un plan perfecto de Dios. Todas sus tristezas y angustias se han ido quitando, ahora, ve la vida de otra forma y está muy agradecido con Dios y con todos sus hermanos y, sobre todo, contigo, le espera una vida feliz con muchas alegrías. Tú debes estar tranquila, sigue confiando en Dios, él escucha todas tus oraciones y rezos que haces por tanta gente, mucha gente te da las gracias, tantos y tantos difuntos agradecen tu tiempo, tu apoyo para con sus familiares en los momentos de angustia y dolor que los has acompañado. Eso es lo más hermoso que has hecho, has dado un poco de paz en cada oración en tantos velorios, y ahí están tus cosechas.

Muchas bendiciones de Dios para ti, una vida larga y duradera, 90 años llenos de amor y alegrías. Ríe, ríe, Lidia, sigue disfrutando tu vida. Te amo mucho y seguiré contigo siempre, estoy orgulloso de ti. Ama mucho a tus hijos, abrázalos, diles cuánto los quieres, no te quedes con las palabras. Ellos necesitan, a veces, sentir ese amor de tu parte; aunque todos sabemos que nos aman, es hermoso poder escucharlo. Desde donde estamos, tu mamá, tus hermanos y yo te enviamos muchas bendiciones, dice Israel que lo perdones, que cometió muchos errores, pero no puede volver el tiempo y cambiar las cosas. Suelta resentimientos y envía muchas bendiciones a todos sus hijos para que les vaya muy bien y tengan mucha salud y mucho amor.

Carta de mi tía Sofía

Querida sobrina,

Me da gusto que, en estos tiempos, en que el mundo vive angustiado y preocupado por la pandemia, tú estés tranquila y en paz. Eres un ser lleno de luz, eso nunca lo dudes. Desde pequeña fuiste una niña muy seria y reservada, yo hubiera querido que alguna de ustedes entrara al convento y siguiera nuestros pasos, pero Dios tenía otros planes para ustedes. Su mamá siempre trató de que fueran constantes y se acercaran mucho a Dios, pero ahora comprendes que no hace falta estar constantemente orando o rezando en la iglesia, pues Dios está en todas partes, en una sonrisa, en un atardecer, en una mirada, en un libro, en una poesía, en una canción, en un beso, en un suspiro, en un abrazo, en un "te quiero", en un "me haces falta", en una palabra de aliento… En todas partes donde hay amor, ahí está Dios. No se necesitan recorrer grandes distancias, ni ir a templos sagrados, hacer mandas o grandes peregrinaciones para agradar a Dios, pues él lo ve todo y sabe lo que se esconde en lo más profundo de cada corazón. De qué sirve ir a la casa de Dios cuando un corazón está lleno de odio y rencor; de qué sirve hacer grandes fiestas y mucha comida cuando hay tristeza en las miradas. En lugar de alimentar el cuerpo, hay que alimentar el alma, el espíritu; relaja y calla tu mente, que ahí es donde debes poner tu atención, en la nada, en el aquí y en el ahora. De nada sirve ir deprisa por la vida. Yo viví preocupada muchos años queriendo ayudar a otros a salir adelante, pero olvidé lo más importante: mi paz interior. No podemos cambiar a nadie más, tan solo a nosotros mismos. Sigue compartiendo los mensajes que te llegan, habrá quien los acepte, habrá quien los rechace; tú no temas, estás en el lugar correcto. Algunos los tomarán como una crítica, otros los tomarán como una bendición; no los juzgues, tú solo comparte y sigue avanzando, que tu fe te llevará a increíbles experiencias. Yo, desde donde estoy, me encuentro perfectamente, estoy tranquila y en paz, tal como te lo dije en tu sueño, estoy muy bien. Sigan cuidando a mi hermana Lidia, ya está muy cansada, pero Dios la sigue ayudando cada día; ha hecho una vida muy feliz, llena, con tantos hijos, nietos y bisnietos. Son una hermosa familia, sigan así, con mucha alegría, mucha salud, amor y esperanza.

Carta de tía Refugio
para sus sobrinas

Sé que les sorprende tener noticias mías, pero, aunque les sea difícil de creer, las tengo muy presentes. Conviví muchos años con ustedes; con algunas, algunos años; con otras, muchos más. Les agradezco mucho su tiempo y su ayuda para conmigo, ahora comprendo que no fue nada fácil tener una tía tan fría y seria como yo, pero cargaba con muchas heridas que hicieron que me encerrara en mi mundo y no viera más allá. Fue una vida desperdiciada porque me dominó más mi tristeza y mi enojo, pero ustedes no tenían la culpa, debí ser más comprensiva y amable, porque gracias a ustedes, nunca estuve sola. Su padre cumplió la promesa que le hizo a papá José, "nunca dejen sola a Cuca". Cada una de ustedes vivió la misma historia, la cuentan y, entre risas y bromas, recuerdan lo que vivieron en esa enorme casa. Quería que todo estuviera limpio, ordenado, impecable y de qué sirvió, ahora se está cayendo, está olvidada. Nos aferramos tanto a lo material que se nos olvida vivir, vivir intensamente. Todas han hecho sus vidas, son unas buenas mujeres que han salido adelante, todas muy trabajadoras; para eso fueron las experiencias, para que sean ahora como son. Yo estuve en su camino y fui parte de su crecimiento, todo estuvo así planeado. Les agradezco todo su esfuerzo y comprensión y, desde aquí, pido por ustedes para que sigan felices y alegres conviviendo con su mamá. Siempre admiré a Lidia por su fortaleza y dedicación, nunca se ha rendido, todo lo que sembró ha sido cosechado con muchas alegrías, y eso es lo mejor. Dios lo ve todo y los ha acompañado siempre, son una familia muy bonita, sigan así siempre.

Carta para Melisa
de su madre

Querida Melisa,

¿Por qué te empeñas en complicarte tu vida? Mira a tu alrededor, eres una gran mujer, has tenido a tu lado a un buen hombre que ha compartido muchos años contigo, pero no han podido superar esos resentimientos que traen guardados. Hablen, platiquen, conversen, digan todo lo que sienten, pero desde el amor, ya no más desde el rencor, porque los únicos que se lastiman son ustedes. Nada es casualidad y Dios tiene un plan perfecto para ustedes, pero se han resistido a abrir sus corazones. Aún no es tiempo de que vengas conmigo, aún tienes mucho que vivir con tu familia, ámense, creen una vida llena de paz y armonía, solo así podrán dejar buenas semillas en los corazones de sus hijos y nietos. Platica con el güero tu hijo, él siempre está ahí para ustedes, los ama mucho y se preocupa demasiado, quiere que sean felices, que se lleven muy bien; es un buen hombre, también, y le esperan grandes experiencias por vivir, solo tiene que dar un salto de fe y creer en él mismo, puede ayudar a muchas personas, solo tiene que abrir más su corazón y confiar, confiar en que todo estará bien. Traemos cargando muchas emociones en nuestro linaje; emociones de rencores, envidias que no permiten que avancen. Están estancados, pero ya es tiempo de mirar nuevos horizontes, hacer de lado el orgullo y lo material. El tiempo pasa muy rápido, aprendan a soltar, no vivan con apegos; nacemos sin nada y así morimos, sin nada, lo único que cargamos son las experiencias y los momentos de alegría. Pregúntense qué están cargando, de qué les ha ayudado. Hay que ir ligeros en las vidas y lo que ya pasó, soltarlo; no podemos regresar el tiempo, tal cual fue, hay que aceptarlo y seguir avanzando, desde el amor, desde la paz, la dicha y la tranquilidad. Agradece cada día a Dios por las infinitas bendiciones que tienes en tu vida, sal, disfruta de los rayos del sol, siente el aire fresco, siente la lluvia, ríe como cuando eras una niña, que no te importe el qué dirán, sueña y crea una vida feliz. Tienes todo para ser feliz y estar bien, eres muy afortunada. Desde donde estoy, le pido a Dios que los ilumine y los guíe por buenos caminos, llenos de alegrías y esperanzas para que siempre sean felices.

Mensaje de sus guías
para Ángel, el hijo de Melisa
(el güero, como le decía su abuela)

Ángel,

Deja de preocuparte tanto por tus papás, tú has hecho todo lo que está en tus manos para que ellos estén mejor, pero no depende de ti. No podemos cambiar a los demás, hasta que les llegue su momento y despierten, entenderán muchas cosas. Los mensajes les han llegado por diferentes lados, pero se resiste; no los juzgues, solo ellos saben lo que cargan. Ve en ellos su fortaleza, nunca su debilidad: tu padre trae una espina muy profunda que no quiere soltar, vivió una pérdida muy grande en otra vida, pero se sigue sintiendo culpable. Hasta que él aprenda a amarse más, descubrirá las maravillas que Dios le ha dado todos estos años; es muy afortunado, pero ha dudado muchas veces, perdió su fe, no confía, culpa a los demás de muchas situaciones de las que él es el único responsable, él eligió así sus batallas. Cuando él esté listo y se quite ese muro que está bloqueando su corazón, le llegarán las señales de por dónde debe continuar, el amor será su mejor amigo, pero debe el dejar sus miedos y ansiedades.

Carta para José de su esposa Alicia

Hola, querido esposo.

Ayer pediste un mensaje y aquí estoy, siempre he estado con ustedes. Todo fue muy sorpresivo e inesperado, pero así tenía que suceder, tu hija y yo estamos bien, estamos tranquilas en un lugar lleno de paz y amor. Desde aquí les enviamos muchas bendiciones y pedimos a Dios por ustedes, sé que no fue fácil para nuestros hijos y para ti que partiéramos, pero todo tiene un plan perfecto, tenían que continuar sin nosotras. Dile a nuestra hija que suelte ese enojo, que deje de reclamar a Dios por mi partida; es una buena mujer, pero se aferra a vivir en el dolor, el rencor, trae muchas emociones heredadas de mi familia que debe aprender a soltar y confiar en su corazón, porque lo tiene olvidado. Necesita mucho amor propio. De nada le sirve aferrarse a un pasado que no se puede cambiar, solo tienen que seguir adelante y abrirse al amor. Nuestro hijo se pierde llenando un vacío de forma errónea, nada le dejara tantas desveladas y tanto alcohol, debe despertar y abrazar a sus hijos, convivir con ellos, darles el amor que a ellos les faltó de niños, deben entender que, en la vida, nos llegan experiencias que nosotros mismos elegimos para crecer, para evolucionar. La vida le ha dado muchas oportunidades, pero no las ha entendido aún. Hemos estado ahí con él, ayudándolo en cada accidente, pero no podemos hacer más, él tiene que hacerse responsable de sus actos y de las consecuencias. Es mejor avanzar a la buena que avanzar a la mala, creen que serán felices solo disfrutando los excesos, pero no es así, abran su mente, vean las maravillas que Dios crea para ustedes, que cada día ha puesto muchas bendiciones en su camino. Se rodearon de alegrías, de hijos que les vinieron a cambiar sus vidas; disfrútenlos, ámenlos. Yo estoy orgullosa de ti, de todo lo que has logrado. Tienes una mujer muy buena a tu lado que te ama y te lo ha demostrado siempre, suelta el pasado, déjame a mí en donde estoy. Allá, en el pueblo, esas son solo cenizas, lo más importante es que yo sigo en sus corazones, yo soy feliz viendo que tú eres feliz y que has formado una bonita familia y que disfrutas tanto a tu nuevo hijo. Eso es lo más importante, ver y sentir ese amor que se tienen. Confía más en ti, ten fe, tu fe te ayudará a recuperar más la vista. Aprende a ver más allá de tus ojos, hazle caso a tu instinto y a tu corazón, guía a tus hijos por el buen camino, ábrete con ellos, platica más. Eso transformará sus vidas y sus corazones. La única forma de avanzar en la comunicación es hablar desde el corazón, sin reclamos, sin enojos, comprender que todos traemos heridas, carencias que nos hicieron vivir enojados, frustrados, pero que ya es tiempo de avanzar. Les esperan grandes momentos por vivir, disfruten al máximo y sean felices siempre.

Carta para Oralia de su esposo Valentín

Querida Oralia,

Lamento mucho cómo pasaron las cosas, me alejé de ustedes para tener una mejor vida y salir adelante todos, pero me perdí un poco en el camino. No pensé bien las cosas, pero, desgraciadamente, no puedo volver el tiempo atrás. Desde donde estoy los veo y sé que han pasado por momentos difíciles de mucha tristeza y angustia, pero han salido adelante, Dios no da problemas que no se puedan superar y, tal cual, todas han sido para su crecimiento, para aprender a ser más fuertes, más valientes. Diles a nuestras dos hijas que se quieran más, que trabajen mucho su amor propio, que perdonen y manden bendiciones a quien las haya lastimado, solo el amor les dará esa fuerza para seguir adelante. Platica más con ellas, sé que tú ahora estás mejor y que has formado una bonita nueva familia, José es un gran hombre, aunque a veces un poco frío, porque le cuesta ser más expresivo, pero te quiere mucho y está agradecido de todos tus cuidados. Dios lo ve todo, sabe por lo que han pasado ambos y ahí están, él los juntó para salir adelante. Ambos hicieron lo que pudieron para darles educación a sus hijos, pero esa gran labor de ser padres nunca se acaba, debe haber más comunicación con ellos, aunque ya no vivan con ellos, no dejen de darles sus buenos consejos, para que sigan sembrando buenas semillas. El amor que ustedes les trasmitan, ellos también lo pasarán a sus descendientes. Habla con nuestro hijo, ayúdale a abrir su corazón, está triste, ahora no ve muchas cosas, pero todo es un plan perfecto que cada uno eligió. Dile que de nada sirve vivir enojado, dile que agradezca, que entre más agradezca le llegaran más bendiciones. No están solos, siempre los acompaño y quisiera poder ayudarlos, pero no está en mis manos. Yo solo sigo pidiendo por todos ustedes para que sean muy felices y se quieran mucho, disfruten cada momento, así como disfrutas a tu nuevo hijo, síguelos disfrutando a ellos también. Nuestra hija Arlen es quien va avanzando más, ella ve que lo único que nos llevamos es el recuerdo de los momentos vividos y ella aprovecha mucho cada instante, es una buena mujer y estoy orgulloso de ella. No estés tristes por tu hermano que tiene poco que acaba de fallecer, él también está muy bien, era su momento de partir, su familia tendrá que ser fuerte y salir adelante, valorar lo que perdieron y agradecer a Dios que tuvieron con ellos a un buen hombre que dio todo por su familia. La vida se encargará de acomodar todo y que todos vivan lo que tengan que vivir. La mejor forma de tener paz en nuestra alma es observar qué traemos cargando, si no tienen momentos de silencio y de calma, seguirán viviendo situaciones desagradables que ustedes mismos están atrayendo, pero que se niegan a ver. Los mensajes están ahí siempre en un libro, en una película, en un consejo de alguna persona, pero necesitan estar abiertos y aceptar la ayuda, analizar, soltar y seguir el mejor camino. Pediste un mensaje y aquí está, hazle caso a tu corazón, él te guiará por una vida tranquila, llena de paz y amor.

Carta para amiga Jazmín de su hermano

Hola, querida hermana Jazmín.

Me da gusto poder expresarte por este medio que, desde donde estoy, me encuentro muy bien. Todo fue tan inesperado y sorpresivo, pero estoy tranquilo, en paz; estoy con nuestro hermano Santi, él también está bien. Lamenta mucho la forma tan trágica en la que partió, pero no hay errores. No se culpen, así, justo así, tenía que pasar, él eligió pasar por esa experiencia de suicidio a sus 9 años de edad para que la familia se uniera más, pero ha podido más la culpa y la tristeza. Deben abrir sus corazones, perdonarse y seguir avanzando. Yo también viví equivocado, me perdí muchas veces, pero ahora comprendo que al que más lastimé fue a mí mismo y a todas las personas que me rodeaban. Deseo de todo corazón que mis hijas estén bien, pido porque su madre suelte esos enojos. Todos traen cargando heridas de sus ancestros, tanto de sus abuelos como de nuestros abuelos, se resisten a vivir más en unión, es un karma familiar que ustedes deben romper. Envíen muchas bendiciones a los antepasados, ellos no eran conscientes de muchas cosas, pero es tiempo de cambiar, de ser diferentes. Dile a mamá que suelte esa tristeza, que viva, que ría, que la mejor forma de agradar a Dios es amándose; que no reclame, no luche contra eventos que ya están en el pasado porque no puede regresar el tiempo, así eligió vivir estas experiencias, pero ya es necesario vivir desde el amor. Al igual que papá, cada uno se encerró en su mundo. Él también necesita mucho amor propio, tú has hecho lo que has podido, pero le falta abrir su corazón. Le pidió a Dios que los siga ayudando a superar tantas tristezas y angustias, pero, en el momento en que ellos decidan dejar de sufrir y acepten la ayuda de Dios en sus vidas, se logrará el cambio. Hermana, estoy muy orgulloso de ti, tú eres una gran mujer, fuerte, que ha salido adelante. No dudes nunca de ti, de tu capacidad, tienes grandes sueños que cumplir y, al igual que tu hija, te esperan muchas experiencias increíbles como viajes, tienen que conocer el mundo. Ten fe, todo es posible, los tiempos de Dios son perfectos. Los amo mucho y deseo desde el fondo de mi alma que todos sean felices. Dile a nuestro vecino y gran amigo de la infancia Pedro que le baje al estrés, que haga caso a los mensajes de su cuerpo, él me dio muchos consejos que, en su momento, no comprendía, pero él tenía razón, debí activarme más. Pero, ni modo, ya pasó. Dile que también suelte esas tristezas, que se quede con las alegrías que pasamos juntos, fueron experiencias increíbles. Gracias, gracias porque tuve excelentes amistades. En la secundaria también conviví con Isela, fue una hermosa época, y quién diría que, ahora, por medio de ella, podría

54

estar enviando estas palabras. Sigue con esa amistad que, a pesar de los años, nunca ha dejado de existir. Sigan felices disfrutando de la vida y de cada nuevo amanecer, y que Dios esté siempre en sus corazones.

Nuestro gran amigo Rafael también está bien, dice que le envía bendiciones a su familia, que Dios también está con ellos ayudándolos a superar su partida, que no se preocupen, que disfruten la vida y que la mejor forma de agradar a sus familiares fallecidos es siendo felices, disfrutando todo lo que Dios pone para ustedes en cada momento. Abrácense, quiéranse, no se queden con las palabras, expresen el amor que se tienen, no vivan para dar gusto a los demás. El amor más importante es el amor propio, cuando reconozcan ese amor que vive en ustedes, lograrán trasmitir ese amor a los demás.

Carta para Martha
de su abuelo

Hola, hija.

Te debe sorprender tener noticias mías después de tantos años. Sentí mucha tristeza de dejarte sola tan pequeña, cuando tuve que partir, pero todo así tenía que suceder. Eres una gran mujer, muy fuerte. Estoy muy orgulloso de ti, saliste adelante sola, sin un apoyo, te tocó vivir situaciones muy difíciles, pero Dios siempre estuvo contigo y ahí sigue, acompañándote, no estás sola, nunca lo has estado. Suelta esos resentimientos contra tus padres, ellos no sabían lo que hacían, no eran conscientes del dolor y la ira que dejaron en ti, ellos cargaban con sus miedos y ansiedades también. Perdónalos y limpia tu corazón, esto te ayudará a estar mejor de salud. Siéntete orgullosa, así como yo lo estoy de ti; sacaste adelante a tus dos hijas, les diste educación y buenos cimientos, pero solo Dios sabe por qué pasan así las cosas, sus designios son perfectos. Cada persona, cada alma, elige sus experiencias para seguir avanzando en la vida; a veces no las entendemos y nos encerramos en nuestro dolor y sufrimiento, pero te-

56

nemos que soltar, soltar esas cargas que nos hacen más pesada la vida. Suelta y ve libre, ligera por la vida; sigue así, feliz y tranquila. Me da gusto que, a pesar de todo lo que has pasado, tienes esa actitud, y a tus 90 años, todos los días te levantas con tanto ánimo. Has sido ejemplo para muchas personas, aunque tú no te des cuenta; es digna de admirar tu fortaleza, pero también acepta la ayuda de tu hija Alondra, ella vive muy preocupada por ti, quisiera estar más tiempo contigo, pero su trabajo la absorbe demasiado. Es una excelente hija con un corazón enorme, nunca dudes de su amor, quiere lo mejor para ti, ha sido difícil para ella irse a otro lado a vivir, pero entiende que todo es para que tú te sientas mejor. Envía muchas bendiciones a tus nietos para que abran su corazón y sean mejores personas, el amor es la clave para sanar tantas heridas y continuar por la vida. Agradezco los años que viví contigo, me queda el recuerdo de muchas anécdotas que pasamos juntos. Te quiero mucho, hija, y lo que más deseo es que tengas paz en tu corazón y que seas muy feliz siempre. Perdona a tu hija Bertha, ella no ha sabido expresar su amor, pero te quiere mucho, a su manera, y está triste porque también se siente sola; platica con ella, inténtalo, ábrele tu corazón y ella hará lo mismo, están ahí, juntas, por una razón, confía en Dios, él pondrá las palabras en ti para que hables con ella. El amor lo puede todo; confía, confía tanto como confías en tu sobrina Juanita. De igual forma debes confiar en tus hijas y nietos para que se rompa esta cadena de enojos y malentendidos, te mando muchas bendiciones y que Dios los ayude a seguir adelante, unidos y en paz.

Carta pare Alondra de
su esposo Marco Antonio

Querida Alondra,

Estaba un poco indeciso en escribirte, pero, aunque no lo creas, estas líneas son mías. La gente es incrédula, igual a como era yo, que pensaba que viviría muchos años al lado tuyo, pero estaba muy equivocado, estaba muy ciego y no vi muchas cosas, no me esforcé por hacer una vida feliz al lado tuyo. Muchas veces me lo dijiste, pero estaba muy dormido, nunca comprendí el dolor y sufrimiento que muchas veces te causé. Espero que me perdones, eres tan buena persona que mereces lo mejor, has pasado por experiencias muy dolorosas y Dios ha estado siempre ahí contigo, te ha tomado de la mano y has podido salir adelante. Eres muy fuerte y valiente, no te rindes jamás y eso me hace estar orgulloso de ti, te admiro mucho y te envío muchas bendiciones para que tú y mis hijos sigan felices, teniendo una vida plena y tranquila. Cada uno tiene que trabajar sus propias heridas de tristeza y abandono, no se distraigan con el mundo acelerado y tanta tecnología, aprendan a tener más comunicación y a convivir más entre ustedes; hagan a un lado sus diferencias, diles que abran su corazón y platiquen con sus abuelitas, tu mamá en estos momentos necesita de mucho amor y compañía. No duden, no la juzguen, solo ella sabe el dolor y el rechazo que vivió con muchas personas, pero, en el fondo, es una gran mujer, que yo tampoco supe valorar. Nunca valoré todo su esfuerzo y dedicación, nos brindó su casa y ella lo único que siempre ha querido es sentirse valorada, apreciada, que reconozcan todo su esfuerzo de toda una vida. Ella los ama, los ama a todos, pero se siente sola. Dile a tu hermana que agradezca, que agradezca en lugar de estar enojada. Ha sido muy afortunada de tener toda su vida a su madre. Abran su corazón, no hereden rencores, traten de estar unidos todos, así como lo están con mi madre y toda mi familia. Eso me ha hecho muy feliz, ver tantos convivios, porque, a pesar de las diferencias, siguen unidos. Desde donde estoy, me siento muy bien, he aprendido a entender muchas cosas y a valorar más las que tenía. Nunca es tarde para despertar, abrir los ojos y abrir el corazón; me quedo con cada recuerdo hermoso que vivimos juntos, fueron bellos momentos que siempre estarán en mí. Agradezco a Dios por haber sido parte de su familia, no pude conocer a mi hija, pero he estado ahí con ella desde que nació, acompañándola y observándola en sus momentos más importantes. Nunca están solos, siempre son guiados por sus Ángeles, seres llenos de luz y amor que dan señales a cada instante. Nunca duden de su fe, Dios tiene un plan divino perfecto para cada uno de ustedes, eso nunca lo olviden. Dile a nuestros hijos que los amo mucho y que les deseo, desde el fondo de mi ser, que sean muy felices, que tengan una vida plena, llena de amor, fe y esperanza.

Carta para Isabel de
su esposo Gerardo

Querida Isabel,

Parece que fue ayer cuando estábamos haciendo planes para estar juntos, pensaba que me esperaban muchos momentos a tu lado, pero no pudo ser así, Dios tenía otros planes para nosotros. Todo fue tan inesperado que no hubo tiempo para decir adiós o hasta luego. Me dolió mucho dejarte, pero seguí mucho tiempo ahí, contigo, en tus pensamientos, en tus momentos de tristeza y soledad. Nunca estuviste sola. Sé que sentías mi presencia de algún modo, pero así tenía que suceder. Agradezco a Dios cada momento que vivimos juntos, tantas risas y alegrías conviviendo con tu familia y con la mía, fueron hermosos momentos que se quedan guardados para siempre. Estoy bien, con mucha paz y tranquilidad; dejé bellos recuerdos en todas las personas que formaron parte de mi vida, y tú debes estar tranquila también, tu corazón es fuerte, solo que a veces se acelera porque eres muy emocional. Deja de preocuparte tanto por toda tu nueva familia, has hecho un gran esfuerzo y me dio gusto que rehicieras tu vida, sé que yo seguiré ahí, como un hermoso recuerdo, pero vive, vive al máximo cada instante, disfruta, deja que cada uno se haga responsable de sus vidas, así irás más ligera por la vida. Sigue confiando siempre en Dios, él escucha tus oraciones por tus hijos. Ellos estarán bien, a ellos les falta abrir más su corazón y soltar el dolor por la muerte de su primo, que también está muy bien. Sabía que ya era su momento cuando los dejó. Así, tal como pasó todo, es un plan divino de Dios, no hay culpables, ni hay injusticias. Todos elegimos nuestras vidas, por eso hay que abrazar cada día el momento y ser felices con todo lo que tenemos, somos inmensamente ricos, tenemos tanta abundancia, pero no nos damos cuenta. Agradezcan, agradezcan todo, absolutamente todo; tienen muchas bendiciones en sus vidas, no guarden rencores, porque los únicos perjudicados serán ustedes mismos. Disfruta mucho a tus nietos, ve en cada sonrisa de ellos el reflejo de Dios, dile a tu hija que suelte esos miedos y esas angustias, que se acerque más a la casa de Dios, él todo lo ve y no quiere que sufra, pero solo en ella está el librarse de las ataduras y confiar más en ella misma. El mejor camino es el amor propio y el amor hacia los demás, debe vivir y disfrutar cada instante con sus hijos, pues ellos son su motor. Tiene un buen hombre a su lado, eso nunca lo debe olvidar, saldrán adelante juntos, deben tener más fe en ellos mismos, que no sientan que se les cierran las puertas porque, cuando una se cierra, es porque se abren muchas más. Les deseo de todo corazón que sigan muy felices y que siempre estén llenos de paz y mucho amor.

Carta para Magdalena
de su hijo José

Mi madre querida.

Sé que han sido para ti tiempos muy difíciles estos tres años. Todo fue tan inesperado; primero papá y, dos meses después, yo. Fue triste dejarlos, pero ya era nuestro tiempo de partir, mi cuerpo estaba muy cansado, me perdí entre mis tristezas y angustias. Tú hiciste todo lo que pudiste y te estoy infinitamente agradecido por todas tus atenciones y todo el amor durante toda mi vida, no te sientas mal por nada; al contrario, debes estar orgullosa de toda la familia que formaron tú y papá. No lo juzgues, solo él sabe todo lo que cargaba, rechazos y abandonos por parte de sus padres desde niño, pero hizo lo que pudo para sacarnos adelante y hacernos personas de bien, trabajadoras y responsables; nos dio educación y nunca nos faltó nada. Agradezco a Dios por haber sido parte de su familia. Tú sigue feliz, me da mucho gusto que ahora veas más por ti, que tengas más tiempo para ti y disfrutes más cada instante, qué bueno que sigas conviviendo con mis tías, siempre tan alegres y platicadoras. Diles que yo estoy bien en un lugar lleno de paz y tranquilidad. Me quedo con todos los bellos momentos que compartimos, aquí los llevaré, siempre conmigo; tantas anécdotas, tantas risas, esos bellos viajes en familia desde niños… Fueron hermosos momentos, tantas fiestas y convivios con todos mis primos, cuánta dicha con muchas personas. Sé que también dejé un bello recuerdo en cada una de las personas que estuvieron en mi vida y esa es la mejor satisfacción, lo único que quiere Dios es que seamos felices, así sea poco o mucho el tiempo que estemos juntos. Él no quiere ver que estés triste, eso ya quedó en el pasado. Disfruta, ríe y sé feliz siempre, te amo mucho y deseo verte sana y llena de amor siempre. Qué bueno que ya no vives preocupada por los demás, deja que mi hermana y sus hijos se hagan responsables de sus vidas, que valoren lo que tienen, pues están muy cegados y no ven las bendiciones que Dios les ha dado. Ojalá reaccionen y se abran al amor de Dios, pues no creen en él. Están muy alejados, pero no está en tus manos. Hasta que les llegue su momento, despertarán y atraerán más abundancia a sus vidas, tú solo envíales bendiciones para que siempre estén bien. Me da gusto ver cómo mi hermano está siempre al pendiente de ti; a veces, te sientes presionada porque te cuida demasiado, pero compréndelo, él te quiere mucho y lo que más desea es que estés bien, que estés tranquila. Los amo mucho a todos, les deseo lo mejor siempre y que Dios los siga bendiciendo para que tengan mucha salud, mucho amor, mucha fe y esperanza.

Carta de la abuela Felisa para sus nietos

Queridos nietos,

Ha crecido mucho la familia, solo tuve la dicha de conocer a algunos de ustedes, ya que tuve que partir y dejar a Lidia, la hija con la que más conviví. No fue fácil para mí salir adelante sola con mis hijos, y eso mismo tuvo que vivir ella con ustedes, pero, para Dios, no hay imposibles, y bien lo dice su mamá: Dios no deja a nadie, pues en cada uno está el salir adelante con trabajo, constancia y disciplina, todo se puede lograr. Desde que su mamá era una niña, le enseñé a trabajar a valerse por sí misma, pues esa es la mejor educación que pueden dar a sus hijos y nietos: trabajar para salir adelante, no depender de que alguien nos esté dando para comer. Ella aprendió muy bien a coser y hacer sus vestidos, le dije, "aprende para que no tengas que pedir favores, cuando la mente es creativa, jamás pasarás hambre, jamás vivirás en la carencia, pues Dios nos ha dado a cada uno dones y talentos para salir adelante, para ayudar a los demás". Enseñen eso a sus hijos y nietos, trasmitan estas palabras para que no se

66

queden estancados, descubran esos talentos y crean en su poder para crear abundancia. Veo cómo todos salieron adelante; fue difícil, mas no imposible, pero aún les falta mucho por trabajar para que sus siguientes generaciones estén cada vez mejor. Por eso, nunca deben olvidar sus raíces, sus ancestros, de dónde venimos, pues, como en todas las familias, traemos cargando heridas, secretos, traiciones, envidias, pérdidas, tristezas y angustias que a veces no nos dejan avanzar, pero no somos conscientes de lo que traemos cargando en nuestro cuerpo, pues él refleja lo que ustedes no quieren ver. Solo en la calma y la tranquilidad de su mente entenderán qué es lo que tienen que trabajar. No vivan tan deprisa, relájense, pues los tiempos de Dios son perfectos. Confíen en su intuición, ahí están sus guías poniendo señales a cada instante de lo que es mejor para ustedes; dejen de sufrir por pequeñeces, no se compliquen la vida, sean valientes y quiéranse más, pues los padres más generosos siempre terminan con hijos egoístas y malagradecidos. Pero, bueno, cada uno de ustedes sabe por lo que está pasando y lo que les ha faltado trabajar más. Desde donde estoy, les envío muchas bendiciones y les pido que sigan estando con su mamá lo más que puedan, pues los caminos son inciertos y lo más importante es que disfruten al máximo cada plática. Aun a la distancia, nunca se alejen; una simple llamada puede hacer la diferencia. La mejor forma de demostrar el amor es estando presentes siempre. Les deseo que tengan una vida plena y feliz, llena de armonía en cada una de sus familias y que el amor sea su principal motor, pues lo demás viene por añadidura.

Carta para Victoria de su madre Ernestina

Querida hija,

Sé que han sido muy difíciles para ti todos estos años, pero tuve que dejarte sola cuando aún eras muy pequeña, pues Dios así lo tenía destinado. Sin embargo, siempre he estado contigo, en cada paso, en cada logro que has dado; he visto tus caídas y cómo te has levantado. No fue fácil para ti y tus hermanos salir adelante, pero nunca han estado solos, Dios, en su infinita misericordia, puso en sus caminos a quien los ayudara y los guiara, no juzgues a tus abuelos y a tu padre, ellos hicieron lo mejor que pudieron. Si no expresaron mucho afecto, es porque a ellos también les faltó esa parte. Cada uno, cada alma, viene a trabajar diferentes experiencias que le ayudarán en su evolución personal, y todos, absolutamente todos, traemos nuestras propias heridas y emociones que hemos vivido, pero solo en nosotros está el dar ese primer paso y liberarnos de las ataduras de los miedos que nos hacen estar estancados, atrapados en un vacío que no comprendemos. Hasta que no reflexiones y analices qué traes cargando, no podrás avanzar; estás

69

estancada en tu dolor, en tu angustia de lo que pudo haber sido y no fue. El tiempo no se puede regresar. Dios te ha dejado a tu hijo para que se amen y vivan una vida llena de alegrías y armonía; suelta las tristezas, tu esposo tenía que partir, era su momento. No te culpes, no estaba en tus manos poder salvarlo, sus angustias pudieron más que su fe, pero él está bien y lo que más desea es que ustedes sean felices siempre, que salgan adelante, que luchen por sus sueños, que crean en ustedes mismos. Descubre ese amor que tienes guardado para ti misma, ámate, enamórate de ti, siente con todos tus sentidos. No necesitas de algo o de alguien para ser feliz, pues el amor más grande es el que te debes tener a ti misma. Desde donde estoy, te mando muchas bendiciones y siempre que me recuerdes estaré ahí contigo, en tus pensamientos. Sé que saldrás adelante, eres muy fuerte y valiente, mereces ser feliz. Te amo, hija, y siempre estarás en mi corazón y en mi ser.

Carta de Octaviano para su madre

Querida madre,

Sé que todo fue tan inesperado que no hubo tiempo de poder despedirnos, a todos nos sorprendió esta forma tan trágica de partir, pero así tenía que ser, Dios tenía otros planes para mí y ustedes tenían que seguir sus vidas. Sé que no es fácil para ti superar este dolor, pero no quiero que sigas sufriendo por mí, de nada sirve vivir cada día encerrados en una angustia y un dolor si ya no podemos volver el tiempo atrás y cambiar la situación. Deja, madre mía, de sufrir, ya no visites una tumba todos los días, pues ahí solo quedan cenizas; yo sigo viviendo ahí, en sus corazones. Cada vez que me recuerden, ahí estaré con ustedes, siempre en sus pensamientos, eso es lo más hermoso de tocar las almas y dejar bellos recuerdos en las personas que conocí en mi vida. Dios así lo quiso y yo estoy bien, muy tranquilo y en paz, en un lugar lleno de amor y esperanza. Volé alto, volé alto tal como lo dijeron en mi último adiós, y esa es mi mejor satisfacción, sentir esta paz que invade todo mi ser y, así como yo estoy, quiero que ustedes también estén en paz. No juzguen, no guarden rencores, perdonen desde el fondo de su corazón, pues los planes de Dios son perfectos y solo él sabe las lecciones que cada uno venimos a experimentar en la tierra. No hay equivocaciones. Tienen muchas cosas increíbles por vivir y la forma de agradar a Dios es disfrutando al máximo cada instante, viviendo en armonía cada día, agradeciendo cada bendición que pone en su camino. No importa si fue poco tiempo o fue mucho el que compartimos, lo importante es que fue lo suficiente para dejar huella en sus corazones. Los amo mucho y, desde donde estoy, les envío muchas bendiciones para que sigan felices, llenos de amor, fe y esperanza.

Carta para Salome de su esposo Mario

Querida Salome,

Sé que te sorprende tener noticias mías, pero así lo pediste. No es fácil para mí el poder expresar tantas cosas que se quedaron solo en el pensamiento, nunca fui bueno para decirte todo lo que sentía. Ahora comprendo que no fue fácil para ti seguir sola con nuestro hijo. Me fui para tener una vida mejor, pero en uno está el ser feliz en cualquier lugar. La vida me sorprendió con mi enfermedad, pensé que viviría más, pero no fue así, pues tenían otros planes para mí. Estoy en un lugar tranquilo, analizando todo lo bueno que tenía, pero que no vi en su momento. Somos necios y no comprendemos la forma en que nosotros mismos nos castigamos; vamos tan acelerados por la vida que nos olvidamos de vivirla y compartirla con los seres que están a nuestro lado. Muchas veces quise hablarte, pero el orgullo pudo más. Perdón por no haber sido el esposo que esperabas y el apoyo que has necesitado, eres una mujer muy valiente y estoy orgulloso de ti, sacaste adelante a nuestro hijo y nunca te diste por vencida. Sé que les hice mucho daño, pero no puedo volver el tiempo atrás. Dios me permitió volver con ustedes para despedirme, y fue difícil, pues ya estaba muy cansado mi cuerpo, muy débil, pero lo pude lograr. Quería estar más tiempo con ustedes, pero ya fue imposible. Sé que están muy bien, siguen con sus vidas. Yo seguiré viviendo ahí, en un recuerdo; todos tenemos una misión, y por algo nos cruzamos en el camino. Le dimos la vida a nuestro hijo y él es mi mejor orgullo, lograste hacerlo un hombre de bien, bueno y trabajador, gracias por haberme dado esa dicha que me falto disfrutar más, pero no hay casualidades, y justo así debía de haber sucedido. Cada uno eligió así vivir cada experiencia. Desde donde estoy, les envío muchas bendiciones y le pido a Dios por ustedes, para que sigan felices, disfrutando cada día de la vida. Les esperan muchas alegrías. Dile a mi hijo que lo amo, que lo amo mucho y que siempre que me recuerde, ahí estaré con él, en sus pensamientos, viendo y disfrutando de sus logros y de sus alegrías. No olviden nunca que lo importante es que sean felices siempre, disfruten el recorrido de una vida larga con grandes experiencias.

Carta de Amparito
para sus hijas

Queridas hijas,

Tengo la oportunidad, por este medio, de decirles que estoy muy bien, estamos su papá y yo en un lugar muy tranquilo, con mucha paz. Las hemos estado acompañando a lo largo de sus vidas, sigan así, muy unidas y alegres, nos llena de felicidad ver tanta energía cuando conviven; tantas risas, tantos bailes, que les encantan las fiestas. Desde niñas, siempre fueron muy alegres, me encantaba verlas con sus vestidos nuevos festejando sus cumpleaños. Fue hermoso todo lo que vivimos, y estoy muy orgullosa de todo lo que han logrado en sus vidas. La familia ha crecido bastante, se han rodeado de muchos hijos y nietos. Han pasado por todo, momentos buenos y momentos tristes que han sabido superar, son mujeres muy fuertes, trabajadoras y comprometidas con sus familias, han dado mucho a sus hijos, pero no permitan que abusen a veces de su noble corazón; tienen que ser más valientes y saber poner límites, quiéranse más, sean firmes en sus decisiones. A veces, tanta sobreprotección hace mal a los hijos o a los nietos.

Ya han cambiado mucho los tiempos, ahora son más rebeldes los niños, guíenlos por el buen camino. Todo es por su bien, la mejor forma de avanzar en la vida es entender para que nos pasan las cosas, nada es casualidad, todos los que nos rodean están ahí por una razón, y una razón muy poderosa, es el plan perfecto de Dios. Pero, hay que estar atentos a esas señales. No vivan tan preocupadas por los demás, ámense, quiéranse más y muchos de sus malestares irán sanando, su cuerpo se los agradecerá. Cuando llega el momento de partir, nadie muere por ustedes, todos siguen haciendo sus vidas. Deben soltar todo lo que les pasó y seguir ligeras por la vida. El mejor legado es dejar buenas semillas para que sigan dándose buenas cosechas, sigan disfrutando de la vida. Aun con todos sus altibajos, con todo lo que les tocó vivir en esta pandemia, lo mejor ha sido que han aprendido a valorar más el tiempo, el tiempo de calidad compartido. Sigan así, les enviamos muchas bendiciones y deseamos que lleguen más alegrías cada día a sus vidas. Siempre que nos recuerden, ahí estamos con ustedes, en cada pensamiento.

Carta para Magdalena
de su esposo Emilio

Hola, querida esposa,

No tuve tiempo de despedirme, todo paso muy rápido, lamento cómo sucedieron las cosas. En donde estoy, he tenido tiempo para analizar esta vida que pasé a tu lado, eres una gran mujer, fuerte y valiente, llena de amor para dar a los demás, pero yo estaba ciego, no vi muchas cosas, me encerré en un mundo lleno de odios y resentimientos que traía cargando desde niño, me sentía abandonado y rechazado y no quise nunca abrirme al amor, abrir mi corazón y disfrutarlos más a ustedes. Quise hacerlo todo perfecto, me exigí demasiado y me hice mucho daño, pensé que bloqueando mis emociones dejaría de sufrir, pero no fue así. Ojalá algún día me perdones y superes toda la angustia y la tristeza que no supe ayudarte a superar; éramos una pareja, pero no supe ser ese apoyo que tanto necesitabas. Gracias por la familia que me diste, formaste unos excelentes hijos, que han salido adelante. Tienen que trabajar en estas emociones heredadas que venimos cargando de nuestros ancestros, tienen que sanar los odios y rencores.

No teman abrir sus corazones y dar más amor, no terminen sus días como yo; vivan, vivan al máximo, disfruten más. Sé que ahora estás mejor, tu salud ha mejorado bastante, tienes más tiempo para ti y eso me da mucho gusto. No estés triste por tu hijo, tu pelón, como tú le decías, él está bien, era también su momento de partir, ya estaba muy cansado, se le juntaron muchas enfermedades que ya no pudo controlar. Todo en la vida son aprendizajes; todo, absolutamente todo, son experiencias que nuestras almas eligieron para seguir evolucionando. Yo desperdicié mucho tiempo porque aún no había despertado, pero me queda la satisfacción de saber que están muy bien y que siguen disfrutando de la vida. Suelta la culpa por tu hijo, tú no eres responsable de que él muriera; como ya te lo dije, era su momento, no existen errores, así tenía que suceder. Dile a nuestros hijos que los quiero mucho y que, aunque no se los decía, siempre estaban en mis pensamientos y que guardaba con mucho gusto algún trabajo de ellos como recuerdo. Me resistí al amor, los rechacé muchas veces, pero los amo. Los amo mucho y lo que más les deseo es que sean muy felices, que realicen sus sueños, que salgan, que conozcan las maravillas del mundo, que agradezcan cada día el regalo que Dios les ha dado, su vida, una vida que tienen que valorar y apreciar al máximo. Olviden los resentimientos, no se enojen por pequeñeces que no tienen importancia, el tiempo se va y no regresa. No vivan esperando un mañana para cambiar y ser felices, el momento es justo ahora, no vivan una vida triste y gris. Ámense y sean felices.

Carta para Martha
de su madre

Hola, mi querida hija,

Nunca tuve la oportunidad de poder platicar contigo desde el fondo de mi corazón. Mis miedos y mis inseguridades me llevaron por caminos muy distintos, lejos de ti; fallé por no darte el amor de una madre que siempre buscaste, pero no me juzgues, todo así debía suceder. En esta vida, tú decidiste vivir la experiencia de muchos rechazos, de muchos abandonos, para encontrar tu amor propio, para aprender a quererte, a valorarte, pero has vivido con mucha ansiedad, preocupada por dar y dar a los demás, has trabajado demasiado toda tu vida, vas tan deprisa de un lado a otro que son pocas las veces que te detuviste a admirar las maravillas que Dios ha puesto en tu camino cada día, porque no quieres soltar el dolor y la tristeza que ya quedó en el pasado. Debiste ser valiente, enfrentar a las personas que te lastimaron, poner límites, alejarte de ellas. Tienes un carácter fuerte, pero no supiste defenderte, y eso te llevó a vivir frustrada, esperando que reconocieran tu esfuerzo, pero la única que tiene que reconocerlo eres tú misma. En ti está abrir tu corazón, hija; ábrete al amor de toda tu familia, no cometas el mismo error que yo, que me alejé de muchas personas y la culpa y la vergüenza me hicieron vivir un infierno que yo misma me busqué. Terminé muy mal, con un cuerpo muy desgastado y con una vida muy desperdiciada, llena de tristeza y dolor. Me arrepiento de muchas cosas, pero ya no puedo cambiar nada. Estas heridas, aunque no lo creas, afectaran a las siguientes generaciones, por eso les pido que se abran al amor de Dios y confíen en que él les ayudará a que tengan mejores relaciones entre hermanos, entre hijos, pero tienen que despertar, están muy dormidos. Estos tiempos son para tener un cambio de conciencia. Están muy cegados por tanta noticia, tanta tecnología que los está rebasando. Tus hijos, nietos y bisnietos están más ocupados y no disfrutan de una buena plática, de un momento de paz y tranquilidad. Ojalá hicieran más caso a las señales del universo, a las señales de Dios, pero viven muy alejados de él. La llave de una vida plena y feliz es el amor, el amor a uno mismo y a los demás. Yo les mando bendiciones desde donde estoy, aquí he comprendido muchas cosas y he aprendido a seguir avanzando para tener más luz en mi alma y mi ser, que ese es el único propósito de cada alma, avanzar y evolucionar con cada experiencia vivida para poder compartir con los demás y ayudar a los que aún están dormidos, pues el objetivo es ser feliz y estar en paz. Te amo, hija, y deseo desde el fondo de mi ser que encuentres el amor y la paz que tanto mereces.

Carta para Rodrigo de su madre Trinidad

Querido hijo,

Sé que no es fácil para ti comprender que por este medio me esté comunicando contigo, pero quiero que sepas que todos estamos unidos, somos energía, somos parte de un todo, nunca morimos, se cumplió el ciclo en esta vida y llegó el momento de partir, mi cuerpo ya estaba muy cansado, fue una larga vida de 94 años. No pudimos despedirnos, pero sabes que siempre te llevaré conmigo y que, cada que me recuerdes, ahí estaré presente, acompañándote en cada momento de tu vida. Gracias por todas tus atenciones y cuidados de estos últimos años, ahora ya es tiempo de que te dediques más a ti mismo. Ve a donde tu corazón sea más feliz, no te preocupes por tu hermano, él tiene que aprender a salir adelante solo, es muy necio y no quiere abrir su corazón, vive preocupado y enojado, pero solo Dios sabe por qué pasan las cosas así. Somos necios y nos resistimos a cambiar, nos resistimos a ver la vida desde otro ángulo, no miramos tantas y tantas bendiciones que nos ponen en nuestro camino cada día, por eso te pido que tú vivas al máximo cada día, haz a un lado las preocupaciones y sé feliz; sé feliz con lo que tienes, disfruta cada instante, no hay casualidades y, por alguna razón, te pusieron de nuevo en el camino a tu amiga Isela, para que cambies tu visión y descubras nuevas formas de ver la vida, pues somos seres increíbles con muchos dones y talentos. Relaja tu mente y solo así descubrirás todo lo que te está esperando: una vida llena de alegrías y experiencias que tienes que vivir, pero solo depende de ti, tú eres el creador de la vida que quieres tener. Nunca es tarde para despertar y seguir evolucionando. Ten fe, hijo mío, pues ella te llevará a hacer realidad todo lo que deseas. Te mando muchas bendiciones y deseo que seas muy feliz; te amo hijo, gracias por ser parte de mi vida.

Carta para Griselda de su esposo José Luis

Querida esposa,

Sé que te sorprende tener noticias mías, pero quiero que creas. Sé que te lo dice alguien escéptico y necio para cambiar, pero aquí estoy. He visto tu tristeza en este tiempo después de mi partida, he estado ahí contigo, acompañándote, y sé que has sentido mi presencia. Pero no me gusta verte triste, la vida sigue y tienes que disfrutarla. Han sido años muy difíciles para ti, agradezco todos tus cuidados y todo tu amor en mis últimos años y en toda nuestra vida juntos, sé que no fui el esposo expresivo que tanto deseabas, ahora comprendo muchas cosas, como que vivía muy enojado, encerrado en mi mundo, pero no puedo volver el tiempo atrás. Desde donde estoy, he aprendido que debemos valorar más lo que tenemos y a quién tenemos a nuestro lado. Eres una gran mujer, fuerte, valiente y llena de amor para dar a los demás. No te preocupes por mí, yo estoy bien y desde el fondo de mi ser, deseo que tú también estés bien, que dejes a un lado la tristeza y vivas al máximo cada día, que disfrutes lo que más te haga feliz, y que ya no vivas para los demás. Primero debes pensar en ti, en tu salud, en tu bienestar; deja a un lado las preocupaciones y los apegos, suelta y libera esa carga de emociones que no te dejan avanzar, mírate en mi espejo, ¿de qué me sirvió vivir así, tan aislado de los demás? Me perdí de muchas convivencias. Sal y disfruta de las alegrías que Dios tiene preparadas para ti, ve ahí a donde seas más plena y más feliz, pues esa es la única finalidad de cada alma, tener paz y tranquilidad. Yo ahora comprendo y agradezco a Dios porque fuiste parte de mi vida, diles a mis hijos que los quiero mucho y que deseo que tengan una vida llena de amor y de fe, les envío muchas bendiciones y, siempre que me recuerden, ahí estaré, con ustedes, en sus corazones. Los amo mucho y deseo verlos felices siempre.

Carta para Jorge Luis
de su nieto

Querido abuelo,

Ayer pediste una carta y aquí está. Todo fue tan rápido, mi paso por esta vida fue muy corto, solo los conocí y tuve que partir, pero no deben estar tristes, ni sentir culpa, pues todos elegimos vivir esta experiencia, elegimos ser parte de esta familia. Algunos durarán muchos años, otros no tantos, pero mi alma eligió así vivir este corto tiempo y la lección es para todos ustedes que se quedan ahí. Deben aprender a valorar más lo que tienen, valorar su salud, valorarse a sí mismos, están todos muy distanciados, cada uno vive en su mundo, ¿de qué sirve compartir un hogar cuando este ya se ha roto desde hace mucho tiempo? Durante muchos años, ustedes, mis abuelos, se empeñaron en seguir juntos, pero no eran felices. Han tenido muchas bendiciones, pero no han aprendido a amarse y a perdonarse, y ese resentimiento no los dejará avanzar. Aunque ya no estén juntos, perdónense y ábranse al amor de Dios, él está con ustedes siempre, él ve lo que has sufrido, pero ustedes han sido los únicos responsables, ya que así han querido seguir, se han aferrado al dolor en lugar de al amor; aun en la distancia, no hay esa paz que tanto buscan sus corazones, esas energías están estancadas, acumuladas y no permiten que sus vidas fluyan y avancen por rumbos distintos. El amor es la luz que iluminará sus caminos, la luz opacará a la oscuridad de la que no han querido salir por muchos años. Yo deseo de todo corazón que te ames más, abuelo, que ames más tu cuerpo, pues él te acompañará durante toda tu vida. Ámalo y dejarás de sufrir, dejarás esa ansiedad que te domina; ámate tanto que no permitas que nada ni nadie te lastime. Vas por buen camino, Dios ha puesto guías que te ayudarán a seguir avanzando, pero solo depende de ti. No estás solo, nunca lo has estado; durante toda tu vida, tus ángeles te han acompañado, han estado ahí en todo momento, quieren ayudarte, pero hasta que tú te abras a su amor y pidas su ayuda, entonces cambiará tu mundo, tu realidad. Conviértete en el mejor ser humano, no tengas miedo, todo es posible, no te limites a vivir en un mundo de autobuses; hay infinidad de trabajos. Tienes tantos talentos, pero los has olvidado, te has encerrado en un mundo irreal, lleno de fantasías; no evadas la realidad, tú creas esa realidad con tus pensamientos, tú te has puesto esas cadenas y no quieres volar, volar a donde van tus sueños. No hay límites, no hay barreras, corta esas cadenas y emprende el vuelo, estás a un paso, todo el recorrido no ha sido fácil, pero no ha sido imposible. Atrévete, abuelo, quiero verte feliz, con mucha paz y tranquilidad, eso es lo que más deseo para toda la familia; deseo que mi mamá aprenda también a quererse y a ser feliz, debe ser fuerte, valiente y decidida, carga tantos miedos que no la dejan avanzar; deseo que mi hermano crezca en un hogar feliz, lleno de amor, pues les esperan muchas cosas increíbles por vivir. Dios está con ustedes, nunca lo olviden, y por alguna razón, yo fui parte de su familia. Los amo, yo estoy bien, pues Dios tiene muchos planes para mí, por eso no se preocupen. Quizás nos encontremos en otra vida en la que podamos compartir más tiempo juntos, pues, aunque sea difícil de creer, vamos de vida en vida evolucionando. Quizá esta vida ha sido difícil para ustedes, pero así la eligieron. Cuando abran más su mente y su corazón, comprenderán más los designios de Dios, pues ahí está el plan perfecto para cada uno. Entre más despiertos estén, avanzarán más rápido y de una forma más amable; la paz que brinda un corazón tranquilo es lo mejor que puede desear un alma, solo en la paz y en la tranquilidad encontrarán el milagro que eres ante los ojos de Dios. Sonríe, abuelo, y sé feliz siempre; mereces todo el amor que hay guardado dentro de ti y toda la abundancia que te está esperando, confía en Dios y tu mundo y el de tu familia cambiará, solo necesitan hablar desde el corazón, perdonarse y cada uno seguir avanzando. Los amo y siempre estoy con ustedes en sus pensamientos. Vivan, vivan al máximo y nunca se olviden de agradecer a Dios por todo lo que pone en su camino, pues su amor es infinito y lo que más desea es verlos felices con una vida plena, llena de amor, fe y esperanza.

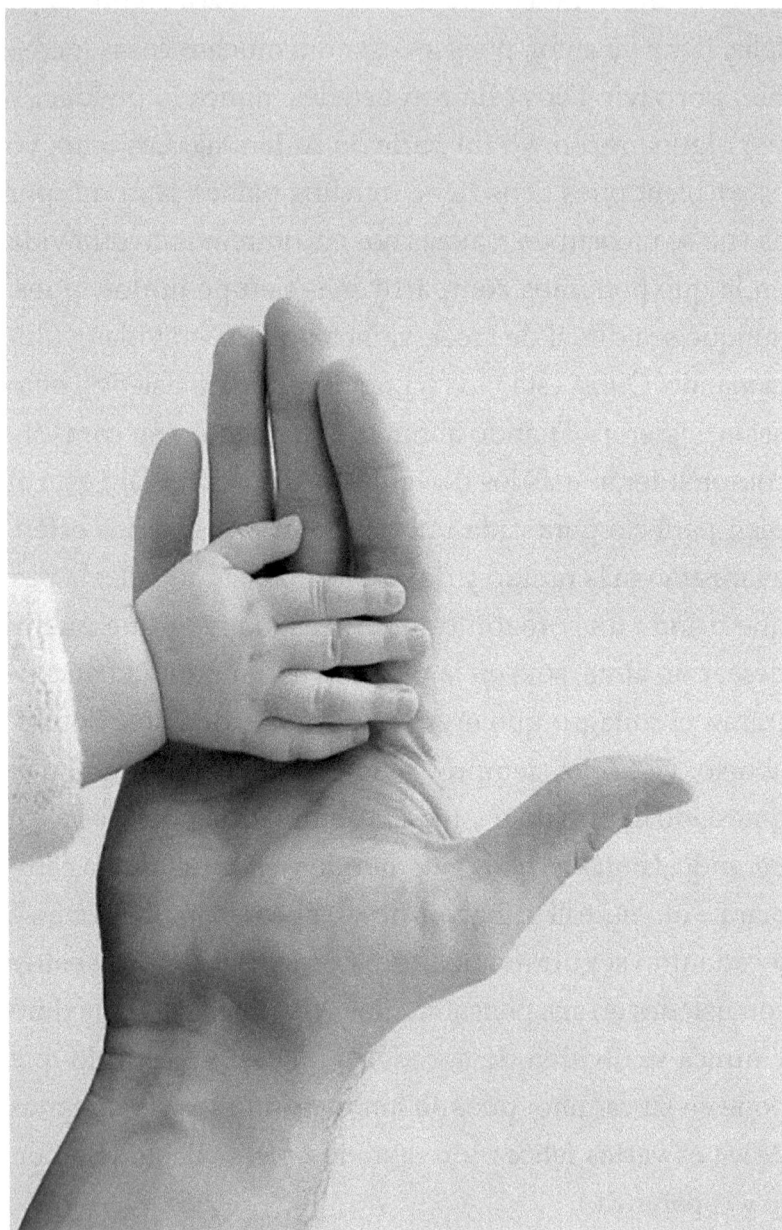

Carta para Raymundo de su madre Concepción

Querido hijo Raymundo,

Hoy, para ti, es uno de los días más tristes en tu vida, pero no quiero que sea así, quiero que estés tranquilo y en paz, al igual que yo lo estoy. Tú comprendes perfectamente que fue mejor así, ya era mi momento de partir, mi cuerpo ya estaba muy cansado y por más que se empeñaban en darme ánimos y hacerme sentir bien, ya era imposible. Todo tiene un ciclo, un tiempo, y el mío llegó a su fin en esta vida. No estés triste, hijo mío, guarda en tu mente y en tu corazón cada momento que compartimos juntos, que fueron grandes experiencias, siempre estarán ahí, guardados en lo más profundo de nuestro ser; en cada uno quedarán esas risas y alegrías. Quédate con todo lo bueno y lo más importante que te ha hecho ser la persona que ahora eres, borra el dolor y las angustias para que tu cuerpo sane rápidamente. Cree en ti, hijo, eres un ser maravilloso que merece estar bien, descubre ese amor infinito que aún tienes guardado dentro de ti, ámate, ámate tanto que esa luz de amor borre la oscuridad y se vayan las enfermedades en tu cuerpo. Yo ahora lo comprendo, viví con muchos enojos y frustraciones y eso enfermó más mi cuerpo; tú aún estás a tiempo, quiero que disfrutes cada día de tu vida al máximo, sigue tus sueños, no permitas que nada ni nadie se interponga, haz lo que más te haga feliz a ti, siente el amor de Dios en tu vida. Él está ahí siempre; ahí estuvo conmigo también, pero me faltó más entender mi amor propio. Todo en la vida son lecciones, lecciones que nos ponen en nuestro camino para seguir evolucionando, cada uno tenemos un plan perfecto de Dios, pero lo hemos olvidado. No pierdas más tiempo, vive desde ese amor y tu vida cambiará por completo. Yo estoy bien, si pudieras ver y sentir el inmenso amor que se siente aquí; todo es dicha y paz, quizás nos volvamos a encontrar en otra vida o en otro espacio, pero, mientras llega ese momento, yo estaré siempre contigo en tus pensamientos y disfrutaré de todos tus logros. Te amo, hijo, eres una gran persona que ha elegido muchas batallas fuertes y has salido adelante y seguirás haciéndolo; nunca te des por vencido, vive al máximo y sé feliz siempre, gracias por dejarme ser parte de tu mundo y por ser tú parte del mío, deseo desde el fondo de mi corazón que cada día crezca tu fe para que tu vida esté llena de amor y esperanza.

Carta de Alberto para su prima Iris

Querida prima,

Sé que para ti es muy difícil creer que yo esté escribiendo este mensaje, pero quiero que, por un momento, tan solo por un momento, relajes tu mente y hagas a un lado todas las creencias que traes desde que eras pequeña. Quiero que te abras a sentir y experimentar todo lo que Dios tiene para ti; ahí está, siempre lo ha estado dentro de ti. Todos esos miedos y esas angustias, tú las has creado, tienes que ser valiente y dar un salto de fe, pues todo lo que has vivido tú lo has creado. Recuerda las risas y alegrías que vivimos de niños, quédate solo con eso y tráelo a tu presente, recuerda siempre lo bueno de la vida, deja ya de buscar culpables y reclamar a Dios por mi partida. Cargas con muchos enojos y son cargas que se trasmiten a los hijos, y lo que quiere Dios es que vivan desde el amor. La vida de todos ustedes, mis primos, no ha sido fácil, pues ha estado llena de altibajos; has vivido muchas angustias, pero, sobre todo, han vivido desde el miedo, ese miedo que se apodera de ustedes y no los deja ver más allá. El miedo te paraliza y te bloquea la mente, suelta todas esas heridas que has vivido, abre tu corazón y trasmite ese amor a tu familia. Exprésate; expresa todo lo que sientes, es la única forma de liberarte, estás atrapada entre muchos enojos. Comprende que cada uno elegimos la vida que vivimos, no es culpa de nadie que yo los haya dejado tan pronto, justo así debió de pasar, pero sientes que ahora se vuelve a repetir la misma historia con tu hija. Ella es muy valiente y sabe que saldrá delante de esta enfermedad, pero necesita que tú le trasmitas también esa fe y esa paz que nace desde lo más profundo de tu ser, esa paz yo quiero trasmitirte ahora. Si vieras con cuánto amor estamos todos aquí, entenderías la grandeza que existe en cada uno de ustedes; pregúntate, ¿quién eres tú ante los ojos de Dios? Tú eres parte de él, él vive en ti, y no necesitas buscar afuera lo que vive dentro de ti. En estos momentos en que tu vida ha dado un giro inesperado, es cuando Dios y todos sus ángeles más te tienen tomada de las manos; no están solos y nunca lo han estado, deben de creer en lo que es invisible ante sus ojos, que están rodeados de un inmenso amor, que no hay enemigos, que los enemigos los ha creado su mente, que la mente es tan poderosa que termina dominando a las personas y ahí es cuando se olvidan de que son más que un cuerpo, pues son un alma, son energía, son luz, pero lo que vivirán es lo que crean. Si creen que hay carencia, eso tendrán; si creen que hay enfermedades incurables, eso atraerán; si creen que existen los milagros, los milagros llegaran; todo llega tal cual sean sus creencias, por eso te digo prima, suelta ya esos miedos y empieza a agradecer desde el fondo de tu corazón. Perdona a tu padre, sea como sea, perdónalo; él vive en su realidad, carga también con muchos enojos y no quiere aceptar a Dios en su corazón, las lecciones han estado ahí todo el tiempo, pero se resisten a cambiar. No lo juzgues, a cada uno le llega su momento de despertar. Yo quisiera que mi padre también fuera diferente, pero no está en nuestras manos cambiar a los demás. Mis padres han sufrido demasiado, pero han seguido adelante; admiro la fortaleza de mi madre, espero y deseo que se ame tanto, que se olvide un poco de los demás, pero es imposible entrar en el mundo de cada uno. Bueno, ya mejor dejemos que cada quien abra su mente, su corazón y vivan desde el amor. Quisiera hablar de tantas cosas, pero yo sé que, en este momento, el único propósito importante es trasmitirles mucha paz y mucho amor a toda la familia, para que el milagro ya sea una realidad. Te amo, prima, y siempre he estado contigo, ya es momento de despertar.

Carta de Valeria para
su madre Annette

Hola, mamá,

Quizás es para ti muy extraño estar leyendo estas líneas, han pasado muchos años desde que partí. Sé que fue muy doloroso para ti dejarme ir, por mucho tiempo te aferraste tanto a mí, que me era difícil ver toda esta angustia y este dolor cada día, pero ahí estuve contigo en cada instante. Quería decirte muchas cosas, pero, así, tal cual, era lo que tenía que pasar. Mi corto tiempo por esta vida fue un hermoso regalo para ti de Dios; en su momento no lo percibiste, pero fuiste bendecida al tenerme contigo en tu vientre todo el embarazo, estuvimos tan unidas, no tienes ni idea lo que darían muchas mujeres por vivir esa experiencia. Cada quien elige vivir así determinadas situaciones difíciles, yo tuve que partir muy pronto, pero no comprendías por qué fue así. Ahora, con los años, y el nuevo regalo de Dios para ustedes, debes de comprender que son aún más afortunados; son inmensamente bendecidos. Agradece a Dios cada día, mamá, agradece por tantas alegrías que llegan a tu vida, suelta de una

94

vez y para siempre esos miedos y ansiedades que no te permiten disfrutar de la vida, confía en Dios, no vivas tan angustiada todo el tiempo, observa cómo es tu vida, qué cargas desde la infancia, ve lo que has vivido, abraza ese momento y suéltalo después. Ya no se puede cambiar nada del pasado, tú y tus hermanos vivieron lo que tenían que vivir, agradezcan cada experiencia, tanto las buenas como las malas, porque Dios nunca se equivoca, sus planes son perfectos. Vamos de vida en vida, entre más vivan desde el amor, llegaran más y más hermosos momentos a su vida. Vive al máximo, disfruta mucho a mi hermano, él te viene a dar grandes lecciones de vida. Abre tu mente y tu corazón y así tu vida cambiará por completo. Quizás nos encontremos en otro espacio, en otro tiempo, pero sabes que siempre estoy contigo, en tus pensamientos. Deseo que seas muy feliz, mamá. Los amo a todos, dile a papá que siempre estoy con él, tal como me ha sentido. Ya no sientan tristeza por mí; al contrario, rían, rían con mi hermano, pues al verlos tan felices, yo también lo soy. Dile a mi abuela que suelte también tantas tristezas; se ha hecho la fuerte mucho tiempo, pero debe aprender más a ser valiente, valiente para enfrentar las injusticias y poner límites. Su buen corazón ha hecho que deje pasar por alto muchas cosas, pero cada experiencia es para aprender y seguir evolucionando, despertar más la conciencia y entender qué está atrayendo a su vida. Créanse merecedoras de muchas cosas, reconozcan lo valiosas que son, el universo es infinito y hay abundancia ilimitada para todos. Hagan realidad sus sueños, nunca es tarde, no existe un tiempo determinado, cada alma va a su paso. Ya es momento de que den un salto de fe y crean en ustedes, son excelentes personas que merecen ser felices. Los amo a todos y agradezco haber sido parte de esta familia. Que el amor de Dios siga con ustedes cada día y crezca más su fe, ese es mi mejor deseo hoy y siempre.

Carta para Andrés de
su madre Consuelo

Mi querido hijo,

Sé que ha sido muy difíciles para ti estos tres años desde que tuve que partir. Me dolió; me dolió mucho dejarte, pero era el momento, así tenía que ser, pues Dios tenía otros planes para nosotros. Mi cuerpo estaba cansado, di todo lo que tenía de mis fuerzas para que siguiéramos juntos, pero ya era imposible continuar. Sé que tú eso lo comprendes y sabes que fue mejor así, pero no quiero que estés triste, yo estoy muy bien y, aunque es difícil de creer, estas líneas son mías, Ise tiene un gran don y por medio de ella es que puedo hacerte llegar estos mensajes. Cree, hijo, no seas como yo, tan incrédula, pues somos todos energía, somos seres de luz y de amor. Vamos de vida en vida experimentando infinidad de cosas para nuestra propia evolución. Tú aún tienes que vivir muchas cosas, mereces una vida hermosa, plena, con muchas alegrías, y yo estaré ahí contigo siempre que tú lo desees. Vive al máximo y haz realidad tus sueños, que nada te impida ser feliz. Nunca te detengas, sé siempre constante y disciplinado, tal como lo has sido siempre; nunca dudes de tu gran capacidad, eres un gran hombre y estoy orgullosa de ti. Te amo mucho, hijo mío, y deseo que seas feliz siempre.

Segunda carta de mi amiga Consuelo

Después de escribir la carta anterior, mi amiga Consuelo, me dijo:

Hola, Ise. No te detengas, sigue escribiendo. Así empezó todo, con mi carta, y sé que aún es difícil de creer; a pesar de tantas cartas que han llegado a ti, a veces piensas que es tu imaginación, pero cómo ella podría recordar tantos detalles de tantas personas diferentes, cómo podrías imaginar y después hacer llorar a las personas con tus cartas, remover esas emociones. La respuesta es muy clara, somos todos parte de una conciencia universal, estamos conectados, no existe el tiempo en esta dimensión, no hay pasado, ni futuro. Aquí todo es desde otro estado del ser, siempre estamos con ustedes. En el momento en el que un alma desea contactar a otra, lo puede hacer, no hay que esperar un turno o algo similar, solo es la fe y la intuición, estar en silencio, callar la mente y esperar, poner atención completa a lo que te quieren decir. Hay muchas almas que quieren enviar mensajes de amor y esperanza. Sigue escribiendo, no te detengas, solo así sabrás todo el amor que puedes trasmitir a otras personas. Ellas necesitan escuchar estas palabras, viven cegadas, encerradas en sus mundos; sé luz en su camino, indícales hacia dónde deben seguir. Deben creer en lo que no quieren ver, en lo que es invisible ante sus ojos: aquí estamos todos sus seres amados, nunca los hemos abandonado, solo estamos en otra dimensión, en otro espacio. El amor de Dios es infinito y él quiere ayudarlos a que crezca su fe. El que crea en él, tendrá vida eterna.

Carta de mi abuelo Josué

Querida nieta,

Los tiempos de Dios son perfectos. Al igual que cada alma sabe su destino, cada sueño lo trae en su ser desde que llega a su nueva vida. Desde niña, tú decías que serías maestra, ¿te has preguntado por qué? Esa forma que tienes de trasmitir a los demás es parte de tu don, es algo innato en ti, recuerda cómo, desde pequeña, te gustaba ir al frente, dirigir el grupo, dirigir a tus compañeros. Dices que no te gusta ser sociable, pero eso no es cierto, eres feliz conviviendo y, sobre todo, enseñando todo lo que has ido descubriendo en todos estos años. Además de ser guía, tienes el don de la sanación; lo traes en tus genes, yo ayudé a muchas personas que creyeron en mí, sanaron sus cuerpos, mis abuelos me lo trasmitieron a mí y yo a tu padre y él a tu madre, así que no dudes nunca de ese poder que tú tienes. Ya has ayudado a muchas personas, has desbloqueado sus emociones atrapadas en sus cuerpos. Comparte, comparte esas experiencias y ayudarás a más personas a que abran sus mentes y sus corazones, pues el poder está en cada uno de ustedes, pero lo han olvidado. Dios no quiere que sufran, que se castiguen con culpas y resentimientos. Eso es lo que más enferma el cuerpo, el ego los domina y no quieren ver más allá de lo material, de lo que te da satisfacción solo momentáneamente. Todo, absolutamente todo, se queda al momento de partir, y lo único que deja uno son propiedades y envidias de los que se pelean entre los que nada les costó. Mira, ahí están las tierras olvidadas, nadie las trabaja, ¿de qué sirve vivir tan preocupado por hacer y tener? Por eso, trasmíteles lo que es más importante para el alma, para el espíritu, conecten con su esencia, con su ser, ámense, amen a los demás como Dios los ama, pues el amor es la llave de la dicha y la tranquilidad. Descubran por qué cargan tantas cosas de sus ancestros, por qué tanta ansiedad, tantas enfermedades heredadas, qué les quiere decir su cuerpo, por qué se resisten a escucharlo. Él les habla a cada instante, les pide que lo observen. Para qué pasa todo esto, para qué seguir en un círculo vicioso que no deja que avancen, de qué sirve que tengan ahora vidas tan largas, si estarán enfermos, postrados en una cama. No lleguen así a su vejez, cuídense desde ahora, hagan ejercicio, convivan con la naturaleza, ella es tan sabia, es fuente de energía. Sientan la conexión que existe entre ustedes y la tierra, ánclense. Todo es vibración, todo está ahí para ustedes; la energía del sol, de la luna, las estrellas, el mar, los campos, las lagunas, las rocas, las montañas, los aromas de las flores... Todo, absolutamente todo, es perfecto. Las flores no tienen prisa por abrir sus pétalos, lentamente se abren a su tiempo; así, al igual, la vida y los destinos de cada alma se van dando paso a paso. No hay que correr, primero aprende a caminar con pasos firmes y seguros, pues en poco tiempo, con constancia y disciplina, podrás correr y después volar, volar alto a donde vayan tus sueños. Tus sueños, que se harán realidad; si está en tu mente, es porque ya existe, ya lo estás creando. No hay límites, no hay imposibles, solo se requiere despertar, conectar con tu ser interior. Lo que está dentro de ti es tuyo, ya a nadie más le pertenece. Eres un milagro de Dios. Te amo, hija, y deseo con todo mi ser que seas luz en el camino de muchas almas, esa es tu misión, recuérdalo siempre. Que nada te detenga, sigue así paso a paso, acepta ese don y deja que la vida te sorprenda.

Mensajes de mis guías

No desesperes, vas por buen camino. A veces, en la vida hay que hacer pausas para poder analizar y reflexionar hacia dónde debemos seguir, cuál camino es el mejor para nuestra evolución. Todos tienen libre albedrío, pero si no callamos la mente, nunca sabremos qué es lo que nos quiere decir nuestra alma, nuestro ser. Solo así comprenderán que se abren a su paso infinidad de caminos y hay que elegirlos con conciencia, con paz, con fe, confiando en esa luz que los guía hacia un mundo que no querían ver, pero está ahí. Siempre ha estado ahí, esperando con los brazos abiertos; un mundo lleno de amor, sin miedos, sin angustias, sin ansiedades, sin apegos. Un viaje espiritual requiere mucho tiempo de calidad para encontrarte contigo misma, encontrarte con esa esencia de tu ser. Esa magia que todos llevan dentro, esa energía que los impulsa a ser mejores cada día, esa chispa de luz que quiere ser encendida y compartida con otras almas que viven en la oscuridad.

El mejor tiempo se acerca, escucha a tu corazón, a tu intuición, ahí debes poner tu atención. Te seguimos guiando cada día. No tengas miedo, sigue avanzando. En cada carta, en cada palabra de aliento, se esconden las bendiciones para quien no encuentra consuelo. Ahí se encuentran las palabras para sanar un corazón que está bloqueado, encerrado en sus miedos y sus angustias, que vive entre preocupaciones y no encuentra la salida, que está triste, pero llegará a la luz, la luz que limpie y sane esas tristezas. Cuando aprenda a quererse, a valorarse, entonces empezará a tener nuevo brillo y comenzará a ver cómo se abren las puertas en su camino; ese mundo gris ya no existirá más, porque estará lleno de colores intensos, nuevos matices que iluminarán su vida. El enemigo no existe, no hay afuera nada que pueda afectar o lastimar; todo es una ilusión que ustedes han creado y desaparecerá cuando descubran que ustedes son los creadores de todo lo que les rodea. Hasta que descubran el inmenso poder que llevan dentro, dejarán de sufrir, dejarán el drama y el caos, porque todo lo ha creado su mente. Sus miedos y sus inseguridades solo son el reflejo de todo el amor que no quieren ver que vive en ustedes. No hay que luchar, no hay que hacer nada, solo hay que empezar a crear un nuevo paradigma, nuevas creencias, creer en lo que sienten más que en lo que ven sus ojos, pues ese amor infinito de Dios siempre ha estado con ustedes. En todas sus vidas, en todos los tiempos, la fuerza vital es parte de ustedes, ustedes son el perfecto amor de Dios; acéptenlo, abran su corazón a ese amor y su mundo cambiará.

En la vida, todo son ciclos. Avanzas cuando cierras una puerta y comprendes la lección, porque, de lo contrario, seguirás en un círculo del cual no ves más allá. Para poder avanzar en la vida, se requiere hacer pausas en el camino, detener todo el parloteo de la mente, observar desde afuera para qué te pasó eso, para qué atrajiste a tu vida esa experiencia. Si no se hacen estas pausas, llegará un ventarrón y a la fuerza te sacudirá para que reacciones. Los malos momentos son los que traen las grandes lecciones de vida, en las batallas lograrás descubrir al guerrero que llevas dentro y que tenía miedo de salir. Tal cual sea la vivencia, eso es justo lo que necesitabas en ese momento para convertirte en lo que ahora eres; agradece y sigue avanzando, que entre más experiencias dolorosas superes, será más ligero el camino. Las ataduras te las pones tú mismo, deja de culpar a los demás, solo en ti está el ser libre y disfrutar de la vida, avanza siempre de la forma más amorosa y tranquila.

El perdón pareciera que es una palabra tan pequeña, pero encierra en sí misma posibilidades increíbles, llenas de amor y de luz. Cuando se observa desde el fondo del corazón, desde lo más profundo de tu ser, cuando comprendes que las casualidades no existen, que la experiencia tal cual llegó a tu vida porque era lo que en este momento tu alma necesitaba para despertar, para crecer; se siente el dolor, la impotencia, el enojo, la ira, la tristeza, pero deja de castigarte y juzgar al otro, él es tu espejo, él es un maestro que te muestra lo que no debes permitir más. El otro no es culpable, no hay víctimas, ni victimarios, solo hay almas aprendiendo a convivir. Todo en la vida es equilibrio, hay luz y hay oscuridad. Todos tienen ambos lados, pero lo importante es no dejarse dominar por uno u otro.

Cuando se acepta al otro tal cual es, se dejará de atraer experiencias negativas, porque ya está despertando y uno se vuelve más observador de su propia esencia. Todos han vivido muchas vidas, cada quien va a su ritmo, a su paso; en otros tiempos, también ustedes fueron los victimarios y se ofrecieron para despertar a otros, por eso no juzguen nada, ustedes han sido de todo, buenos, malos, malvados e injustos. Ahí está todo, en sus memorias, solo tienen que estar en silencio, recordar, comprender y perdonar. Para seguir avanzando, lo único que tienen que perdonarse es que habían olvidado el gran poder que tienen ustedes mismos, porque entre más perdón salga de su corazón y más agradezcan, irán despertando más su intuición y las bendiciones se multiplicarán cada día. La fe es la que crea el milagro. Mírate al espejo, acéptate tal y como eres, acepta tu cuerpo, abrázalo, consiéntelo, agradécele todos estos años que te ha acompañado y dile "es tiempo de soltar tantos rencores, te amo y juntos saldremos adelante, miraremos nuevos horizontes y crearemos nuevas realidades. No temas, yo estoy contigo, hermoso cuerpo, te llevaré por increíbles caminos llenos de luz y de amor. Somos felices cada día, viviendo en amor con todas las almas que se cruzan en nuestro camino".

La energía es como Dios: no la ves, pero la sientes, está ahí todo el tiempo, desde que naces te acompaña en tu cuerpo y hasta el último suspiro permanece. Lo importante no es tenerla, sino el uso que le das a esa energía y cómo generas más a cada instante, pues con cada pensamiento, por muy pequeño que sea, este crea energía positiva y negativa que se distribuye en tu cuerpo. En cada inhalación y exhalación, la energía circula y, al igual que un río, todo debe fluir libre y pausadamente, sin que sea bloqueado. Pero, en el acelere de la vida diaria, se les olvida que ahí está la clave para mejorar la salud. Todos van por la vida sin poner atención a su cuerpo, sin saber cómo está trabajando, si está en paz, si está tranquilo, qué le hace falta. Observa tu río y dime cómo está el agua, ¿es limpia, transparente y cristalina o está contaminada con basura, con deshechos que obstruyen el libre paso? ¿Cada qué tiempo le has dado mantenimiento? ¿Has quitado las piedras del cauce o se han acumulado? ¿Cómo es ese río de tu vida? ¿Te puedes sentar a un lado de él y admirarlo, a contemplar su belleza, o prefieres seguirte deprisa y no mirarlo? ¿Las almas que se acercan disfrutan del paisaje o prefieren seguir sin mirarte? ¿Trasmites paz y luz? Siéntate y observa qué te está gritando ese río y, entonces, cambiarás tu energía. No culpes a los demás, mejor detente, observa en silencio, limpia, drena y vuelve a respirar lentamente, pues solo de ti depende si quieres vivir bien, feliz y conscientemente cada día o vivir enfermo, preocupado y angustiado.

La conciencia se expande cuando calla la mente, confía y observa cómo cada pieza se acomoda lentamente en su lugar. Cuando las piezas no encajan, es porque la mente quiere dominar, y ella es muy racional. A veces, queremos encajar y nos deformamos por dar gusto a los demás; nos adaptamos y es cuando nuestro ser se pierde en el querer y en el deber, y se olvida de su esencia, de ese poder que

108

tiene para crear cosas increíbles y espectaculares. La conciencia es Dios en acción, está en todos lados.

La clave de la felicidad es descubrir que eres tú el creador de cada momento de tu vida, que tú atraes todo lo que te rodea, que tú eres el arquitecto de tu propio destino. Cada día, cada instante, lo más importante es que observes qué estás creando, cómo es el guion de tu vida, qué escribes en tu historia, pues todo lo que deseas, lo creas, aunque no te des cuenta.

Cuando sientes el amor de Dios dentro de ti, sabes que estás en el lugar correcto. Él te guía a cada instante, así que deja todo en sus manos, solo aprende a sentir y se calmarán las aguas turbulentas. El río seguirá su cauce tranquilamente, deja que fluyan los problemas, pues, todo, absolutamente todo, se acomoda cuando sueltas y confías en él. Dios lo ve todo y sabe lo que te angustia en este momento, déjale a él esas preocupaciones, pues pronto brillará de nuevo el sol y podrás disfrutar su calor sentado ahí, tranquilo, a la sombra de un árbol, sintiendo en el rostro el aire fresco del nuevo día. Solo despeja tu mente y siente el amor perfecto que viene hacia ti, a ese ser increíble que eres y que merece todo lo mejor, una vida plena, feliz, con sorpresas y alegrías a cada instante. Siente la magia, confía, sonríe y di gracias; gracias, porque hoy comienza una nueva vida, hoy acepto y me dejo guiar por ti, Dios mío, pues tú sabes lo que necesito y conoces mis sueños que se están haciendo realidad.

Mensaje de mí para las almas

Estoy infinitamente agradecida con cada una de ustedes por permitirme ser un canal y poder trasmitir sus mensajes de amor, de luz y esperanza. Reconozco que todos somos uno y uno somos todos y, desde lo más profundo de mi ser, envío infinitas bendiciones para todas las almas que lean este libro, que el amor y la luz inunde sus corazones y puedan seguir su camino más ligeras y más livianas después de haber leído estos mensajes. Mi mayor deseo es que siempre exista el respeto y el compromiso de cada alma para seguir despertando y tener una mejor conciencia, que todas compartan esa luz y se expanda a infinidad de almas y se cree un mundo mejor que viva en armonía, en equilibrio, donde todos los seres se vean como iguales y reconozcan el inmenso poder que vive en cada uno. Somos el perfecto amor de Dios y todos merecemos experimentar la grandeza de nuestra alma aquí y ahora.

Mensaje de Dios para ti

Aunque no veas las estrellas durante el día, estas no dejan de existir. Aunque no veas el sol por la noche, él nunca deja de brillar. Aunque no veas, a veces, muchas cosas, ahí están. Todo es perfecto, el mundo gira y gira y no lo percibes; todo trabaja en perfecta armonía, igual que todo tu cuerpo, y ni siquiera cuestionas cómo funciona tanta perfección y, al igual que todo lo que te rodea y no ves y no percibes, y existe, está ahí afuera y dentro de ti, y aún te preguntas si existen los milagros, si existe Dios. Qué necesitan para creer en lo que aún no ven sus ojos, son inmensamente bendecidos por mí y, aunque no me veas, sabes y sientes que existo, pues toda la creación ha sido para poder vivir, poder sentir, poder percibir, poder amar, poder trascender y poder existir ayer, hoy, mañana y siempre.

Renace

Renace con cada respiración consciente, siente cómo tu cuerpo se llena de vida, de luz, de amor. Renace con cada canto de las aves, renace con cada rayo de sol que entra por tu ventana, renace en el silencio, en el susurro de la noche, con las luces de las estrellas que iluminan el firmamento. Renace con la sonrisa de un niño, con la ternura que hay en su mirada; renace a cada instante, con cada pensamiento vibrante lleno de fe y esperanza. Siente este amor en cada palabra que sale de tu boca para agradecer el milagro de la vida, renace cada día y sentirás que no hay obstáculos, que no hay nada imposible. Estás en el lugar correcto, cada paso lo has dado para llegar a donde ahora estás, más consciente, más amado y te sigues sorprendiendo por ti mismo, porque, entre más renaces, más vives en unión con el creador. Renace, siente la grandeza del sol, la luna y los planetas. Siente la energía de la tierra, renace, respira y suspira, porque ahí, en cada suspiro, estás tú conectando con toda la energía y creando lo que hay en lo más profundo de tu ser. Cuando vives desde este estado de gracia, no hay nada imposible, empezarás a sentir la magia en todos lados y los milagros comenzarán a aparecer cada día en tu vida. Renace y deja que el maravilloso amor de Dios, de tus guías y de tus ángeles, te acompañen y te sigan sorprendiendo.

www.ingramcontent.com/pod-product-compliance
Lightning Source LLC
Chambersburg PA
CBHW052126090426

42741CB00009B/1963